CHRISTIAN PENNING

BIKE HISTORY
Die Erfolgsstory des Mountainbikes

DELIUS KLASING VERLAG

Dank
An dieser Stelle bedanke ich mich bei allen, die mich bei der Fertigstellung dieses Buches unterstützt haben für ihre Hilfe. Allen voran Wende Cragg, Charles Kelly, Joe Breeze, Gary Fisher und Butch Gaudy, ohne deren Archivmaterial und Bilder dieses Buch nicht entstanden wäre.
Christian Penning

Die Deutsche Bibliothek – CIP-Einheitsaufnahme

Bike History:
die Erfolgsstory des Mountainbikes/
Christian Penning. – 1. Auflage –
Bielefeld: Delius Klasing, 1998
ISBN 3-7688-1082-8

1. Auflage
ISBN 3-7688-1082-8

© 1998 Delius, Klasing & Co.
Siekerwall 21, 33602 Bielefeld

Umschlag: Gabriele Engel
Innenlayout: Sabine Urbas-Plenk
Titelfotos: Wende Cragg (großes Motiv),
Bob Allen

Fotos: Bob Allen: 138; Dirk Belling: 104 (u.); Tom Bierl (131 (o.); Robert Bösch: S. 5, 103 (li.), 105, 117 (re.), 130, 131 (o.), 143 (u.); Joe Breeze: S. 100 (u.); Centurion: 93; Wende Cragg: S. 4 (o.) 8, 10, 12 (2), 14, 15, 16 (2), 18, 20, 21, 26 (u.), 27, 28, 30 (2), 31 (2), 32, 33 (2), 34 (2), 36, 37, 38, 40 (3), 41 (2), 42 (2), 44 (2), 45, 46 (u.), 48 (li.), 50, 52, 53, 54 (2), 55 (3), 57 (2), 58 (2), 61 (2), 67 (li.), 78, 82, 96, 98 (2), 100 (o.), 134 (u.), 135; Gerhard Eisenschink: 126, 129 (o.); Heinz Endler: 83, 84, 97, 102 (2), 104 (2), 106 (3), 107 (o.), 108, 118, 120, 121 (li.), 132, 134 (o.), 136, 140 (u.), 141 (u.); Franz Faltermaier: S. 101 (2); Gary Fisher: 59 (u.), 64 (o.), 65; Butch Gaudy: 86, 87 (2), 88 (2), 89 (2), 90 (2); Grundig: 110, 111, 112 (3), 113, 115 (re.), 128 (2); Stefan Heigl: 129 (u.); Charles Kelly: 34 (li.), 36 (li.), 37 (li.); Ronnie Kiaulehn: 102 (re.), 103 (re.); Bellinda Klaus: 104 (o.); Erik Koski: 46 (o.); Russ Mahon: 22, 24, 25, 26 (o.); Mercury Press: 49 (2), 60 (li.), 62, 66, 68; Christian Penning: S. 17, 35, 39, 43, 54 (u.), 59 (o.), 60 (re.), 64 (u.), 69, 99, 104 (M. o.), 114, 115 (li.), 116 (re.); Thomas Rögner: S. 110 (li.); Jerry Riboli: 56; Schauff: 91, 94; Singletrack: 114; Shimano: 72, 74, 76 (3), 77; Specialized: 70; Uli Stanciu: S. 6, 92; Thomas Streubel: S. 4 (u.), 19, 67 (re.), 102 (M.), 106 (2), 107 (2), 137, 140 (o.), 141 (o.), 142 (o.); Univega: 71; Eddie Wagner: 67 (re.), 103 (u.), 116 (li.), 121 (re.), 122 (2), 124 (2), 125 (2), 142 (u.), 143 (o.).
Druck: Media-Print, Paderborn
Printed in Germany 1998

Alle Rechte vorbehalten! Ohne ausdrückliche Erlaubnis des Verlages darf das Werk, auch nicht Teile daraus, weder reproduziert, übertragen noch kopiert werden, wie z.B. manuell oder mit Hilfe elektronischer oder mechanischer Systeme inklusive Fotokopien, Bandaufzeichnung und Datenspeicherung.

Inhalt

Gary Fisher: Bikes – ein unglaublicher Spaß	6
Der Weg zum Erfolg	8
Clunker Cliquen – die Anfänge in Marin County	10
Streitfrage – Wer hat das Mountainbike erfunden?	22
Repack – Start frei zum ersten Downhill-Rennen	28
Rahmenhandlung – Bikes in Handarbeit	38
Wild West Races – die ersten Cross Country-Abenteuer	50
Welterfolg – Beginn der Massenproduktion	62
Komponentenkönig – Schaltzentrale Shimano	72
Fat Tire Flyer – das erste Bikemagazin	78
Verspäteter Boom – der Trend in Europa	84
Technische Evolution – vom Clunker zum Computer-Bike	96
Worldcup – die internationale Siegesfahrt	108
Vollgas-Klassiker – Mammoth Kamikaze und Downhill Kaprun	118
Medaillenjagd – olympisches Gold in Atlanta	122
Massenbewegung – Marathons und Touren	126
Bike-Festivals – it´s Partytime	132
Visionen – Biketrends mit Zukunft	138

Bikes – ein unglaub

Oft werde ich gefragt: „Hast du jemals davon geträumt, daß Mountainbiken als Sport einmal so groß werden würde?" Nun, das ist keine leichte Frage. Sicher war es mir nicht immer ganz klar, und manchmal zweifelte ich auch daran. Aber irgendwie hatte ich schon immer das Gefühl, daß sich die Freizeitbeschäftigung einiger scheinbar verrückter Fahrradnarren eines Tages zum Volksssport entwickeln könnte. „Das wird mal ein ganz großes Ding", schoß es mir immer wieder durch den Kopf, als ich in den siebziger Jahren auf Clunker-Bikes mit breiten Reifen zusammen mit anderen Bikeoholics die Hügel von Marin County nahe San Francisco hinabschoß. Der Grund dafür ist simpel. Von Anfang an hatten wir eine Menge Spaß dabei.

Und jeder, der es ausprobierte und sich auf ein solches Gefährt setzte, war sofort Feuer und Flamme. In meinen Augen ist das Mountainbike eine der großartigsten technischen Erfindungen des 20. Jahrhunderts, zweifellos eine der wenigen, die für den Menschen uneingeschränkt von Nutzen ist: sparsam, sauber – und immer einladend, die Muskeln vor dem Einrosten zu bewahren.

Natürlich war das Mountainbike nicht schon immer das ausgefeilte Sportgerät, das es heute darstellt. Erst eine Reihe bahnbrechender technischer Entwicklungen verhalf ihm zu seiner enormen Beliebtheit. Der erste Meilenstein war die Kettenschaltung. Nun war das Bike kein reines Downhill-Gerät mehr. Jetzt ließen sich Berge auch ohne die Kondition eines Rennfahrers bewältigen. Mit den Aluminiumfelgen kam der nächste Knüller. Sie halbierten das

licher Spaß

Gewicht der Laufräder. So ließen sich die Anstiege noch leichter nehmen.
Auch wenn die Bikes mit Federgabeln und Scheibenbremsen heute einen hohen technischen Standard erreicht haben, steckt der Sport eigentlich immer noch in den Kinderschuhen. In den letzten beiden Jahrzehnten haben sich eine Menge cleverer Leute mit dem Mountainbike beschäftigt. Mit all ihrer Erfahrung werden sie es weiter verbessern und neue, fantastische Kreationen auf den Markt bringen. Die werden die Menschen nicht zuletzt deshalb begeistern, weil sie damit unglaublich viel Spaß haben können – ähnlich wie die ersten Biker in Marin County.

Gary Fisher

Der Weg zum Erfolg

Wer hätte das gedacht? Da rasen in den siebziger Jahren ein paar verrückte Hippie-Cliquen mit Rädern vom Schrottplatz die Hügel Kaliforniens hinab, weiße Staubfahnen hinter sich lassend – und zwei Jahrzehnte später gibt es für ihr wildes Hobby bei den Olympischen Spielen 1996 in Atlanta die ersten Goldmedaillen. Die rostigen Clunker-Bikes, behäbige Drahtesel mit geschwungenem Oberrohr

und breiten Reifen, wie sie die Zeitungsjungen in den dreißiger bis fünfziger Jahren des 20. Jahrhunderts fast überall in Amerika benutzten, sind zu Sportfahrzeugen auf höchstem technischen Niveau mutiert. Ein neuer Fahrradtyp hat den Globus erobert.

Mit Höchstgeschwindigkeit ist das Bike in die Bestsellerlisten der Sportartikelhersteller geschossen. In Deutschland sitzen mittlerweile 5,1 Millionen Menschen mehr oder weniger regelmäßig auf ihrem Mountainbike. Die Gründe für den immensen Erfolg des neuen Sports sind so vielfältig wie die Menschen selbst, die voll Begeisterung im Sattel sitzen: Naturerlebnis, Gesundheit, Fitneß, Speed, Spaß und Freiheit. Jeder Tritt bergauf bedeutet ein Stück Abstand von Streß und Hektik des Alltags, jeder Meter Abfahrt erzeugt ein inneres Hochgefühl. Fliegen kann kaum schöner sein.

Entscheidend zur Erfolgsstory des Mountainbikes beigetragen haben drei Faktoren. Erstens: Der Outdoor-Trend. Zweitens: Technische Innovationsfreudigkeit. Drittens: Die Leidenschaft der Bikepioniere weltweit.

Weg von Stadt und Straße, raus in die Natur – die Grundidee der Outdoor-Bewegung spiegelte in den siebziger Jahren ein neues, immer weiter verbreitetes Lebensgefühl wider. Da kam das Mountainbike gerade recht – robust, einfach zu handhaben und beinahe überall einsetzbar. Kalifornien bot dafür den perfekten Nährboden. Mit einem Mix aus Naturverbundenheit und Easygoing-Mentalität der Hippies sowie sportlichem Ehrgeiz und technischem Know-how schufen die amerikanischen Bikepioniere eine neue Dimension des Radfahrens.

Sicher, schon immer hat es Menschen gegeben, die es mit dem Fahrrad ins Gelände zog. Doch nie hatte das so dramatische Konsequenzen wie bei den kalifornischen Bikepionieren. Sie revolutionierten die gesamte Fahrradindustrie. Auch wenn sie das Rad nicht neu erfunden haben, so ist es ihnen doch gelungen, eine ganz neue und in seiner Faszination noch nie dagewesene Variante des Radsports zu schaffen.

Die Schlüsselfiguren und bahnbrechenden Ereignisse, die sie auslösten, stellt dieses Buch erstmals zusammenhängend vor. Zum Teil noch nicht veröffentlichte Hintergrundstories und Bilder zeichnen den Weg des Mountainbikes zum Welthit nach. Ein Erfolg, zu dem noch heute jeder begeisterte Biker beiträgt.

Happy Trails
Christian Penning

Clunker-Cliquen – die Anfänge in Marin County

Die wilden Jahre der Bikepioniere. Mit Hippie-Mähne, zerschlissenen Jeans und Clunker-Bikes vom Schrottplatz fegten die kalifornischen Bikepioniere um Gary Fisher, Charles Kelly und Joe Breeze die Hügel von Marin County hinab.

Bikes und Rock-Bands – ihre grossen Leidenschaften hatten sie zusammengebracht. Durch Zufall lernte Charles Kelly anfang der siebziger Jahre den Mann kennen, der den Radsport in den nächsten Jahren bahnbrechend verändern sollte: Gary Fisher. Aber schön der Reihe nach. So richtig ins Rollen kam das Unternehmen Mountainbike 1971.

„Ich jobbte als Roadie. Für eine Rockband aus San Francisco steuerte ich den Truck und schleppte Boxen auf Konzertbühnen", erinnert sich Charles Kelly. Eines Abends erzählte ihm eine Freundin von einem Bekannten. „Hey, der Typ ist wie du", sagte sie. Das hieß, er hatte lange Haare, ging auf viele Konzerte und schwang sich immer und überall aufs Bike. „Da Bike-Freaks vor dem Bike-Boom in den späten Siebzigern in Amerika nicht gerade um jede Straßenecke bogen, war ich natürlich gespannt, einen von diesen Jungs zu treffen", fieberte Charles Kelly einem Date mit

Vom Straßenrenner aufs Fat-Tire-Bike: Junior-Racer Gary Fisher.

Bikedorado der Pioniere: Der Mount Tamalpais nahe San Francisco.

seinem „Doppelgänger" regelrecht entgegen.

Kelly erinnert sich noch, als wäre es erst gestern gewesen: „Kurz nachdem ich von diesem irren Typen gehört hatte, sah ich etwas in der Nähe meines Hauses den Berg herunterfegen. Das konnte nur er sein. Genau wie ihn meine Bekannte beschrieben hatte: groß und dünn, das Haar fiel ihm weit über die Schultern herab. Der Spitzname, den sie erwähnt hatte, paßte – ´Spidy´." Charles ging auf den Kerl mit den Spinnenbeinen und seinen Begleiter zu. „Hi, du bist Spidy, stimmt´s", riet er.

„Ja, eigentlich heiße ich Gary", sagte sein Gegenüber. Unter einer Fahrradkappe explodierte eine gewaltige Haarmähne, die selbst in der Langhaar-Ära der siebziger Jahre ihresgleichen suchte. Gary stellte Charles den anderen Fahrer vor, den Musiker Barry Alan. Die beiden waren gerade auf dem Weg ins Büro

der legendären Rockgruppe Greatful Dead, um sich Fotos für ein Album-Cover anzusehen. Danach schwangen sich die drei aufs Bike. „Das war das erste und einzige Mal in meinem Leben, daß ich Gary problemlos davonfahren konnte", blickt Charles Kelly mit einem Schuß Wehmut zurück. Nach einer längeren Trainings- und Wettkampfpause fing der Radrennfahrer Gary Fisher nämlich gerade erst an, sich wieder in Form zu bringen.

Der Hippie aus der Rockszene

Gary war damals 20, fünf Jahre jünger als Charles. Als Teenager war er Radrennen gefahren. „Aber mit 18 flog ich aus der Mannschaft, weil ich mich geweigert hatte, meine Haare zu schneiden", gestand er. Als Junior hatte er an einem Rennen teilgenommen, das mit einem Dance-Konzert der beiden Folk-Rock-Bands Grateful Dead und Quicksilver Messenger Service geendet hatte. Gary hatte sich dort unter die Bandmitglieder gemischt. Seitdem gehörte er zum harten Kern der „Party Crew", einer lockeren Gang von Grateful Dead-Fans. Zwei Jahre später steckte er bereits tief in der Musikszene drin und besaß sogar eine eigene Lightshow „The Lightest Show on Earth". Jetzt stieg er mit seinem Musikerfreund wieder in den Sport ein.

Im nächsten Jahr gingen Gary und Charles oft zusammen trainieren. 1972 mietete Kelly ein Haus in Fairfax und fragte seinen Freund Gary, ob er ihm mit seinem Truck beim Umzug helfen könne. Eine Woche später gründeten die beiden eine Biker-WG. „Er zog bei mir ein, zusammen mit dem größten Haufen von Fahrradteilen, den ich je gesehen hatte", blickt Charles Kelly zurück. Teil dieser raren Sammlung war ein Haufen verrosteter alter Rahmen, einige davon fast vierzig Jahre alt. Gary hatte sie in einem alten Bikeshop geschnorrt, der längst den Bach runtergegangen war. Charles konnte nicht verstehen, was Gary an diesen nutzlosen Teilen fand. Schließlich waren doch beide stolze Besitzer filigraner italienischer Rennradrahmen. Sie trainierten beide auf edlen Colnagos. Gary klärte seinen Kompagnon über das Gerümpel auf: „Das sind nicht irgendwelche alten Rahmen,

Stilecht: Mitgliedskarte des Velo Club Tamalpais.

sondern wirklich wunderschöne alte Teile, really nice old frames", pflegte er zu sagen.

„Ein Haufen verrosteter alter Fahrradrahmen – ich konnte nicht verstehen, was Gary Fisher an den nutzlosen Teilen fand."

Charles Kelly

Die Wohngemeinschaft entwickelte sich zum zentralen Treffpunkt der Biker aus der Umgebung. Charles und Gary hatten eine große Stereoanlage, einen guten Ausblick und kümmerten sich einen Dreck darum, wenn einer seine schmutzigen Bikeshorts in den Flur warf. „Unser Haus lag auf einem Hügel. So konnten wir andere Fahrer, die auf dem Trail an unserem Haus vorbeikamen, schon von Weitem sehen und waren früh genug draußen, um uns ihnen anzuschließen", erinnert sich Kelly. Gary Fisher kramte aus seiner seltsamen Raritätensammlung einen Artillerie-Entfernungsmesser hervor, den die beiden als Teleskop und Früherkennungsgerät benutzten. So konnten sie jeden Fahrer

Faszinierten Gary Fisher: Bikes und Musik.

bereits aus der Ferne identifizieren. Da beide nicht verheiratet waren, gab es auch niemanden, der über die schrulligen Typen meckerte. „Da war niemand, der herumnörgelte, daß es unmöglich sei, die Bikes an die Wohnzimmerdecke zu hängen oder auf dem Küchentisch an den Laufrädern zu basteln", grinst Kelly. Gary arbeitete in verschiedenen Bikeshops als Mechaniker. Charles war immer eine Zeitlang mit der Band unterwegs und kam dann nach Hause, um so viel wie möglich zu biken, bevor er wieder auf Tour mußte. „Wahrscheinlich war das für uns beide der abenteuerlichste Teil unseres Lebens", sinniert Charles.

1972 hob die Biker-Clique um Charles Kelly und Gary Fisher den Velo-Club Tamalpais aus der Taufe. Zunächst eigentlich deshalb, weil einige Straßenrennen fahren wollten. „Unser großes Idol hieß Eddy Merckx", weiß Gary noch gut. Trotzdem kam dem Club nun eine Schlüsselrolle in dem Abenteuer Mountainbike zu. Charles bekleidete das Amt des ersten Vorsitzenden, Gary war ebenfalls Präsident. Viele der Mitglieder von damals zählen heute zu den prominenten Namen der Bikeindustrie: Joe Breeze zum Beispiel, oder Otis Guy.

Breite Reifen, aber keine Schaltung

Auch wenn Charles Kelly Garys Vorliebe für die alten Rahmen in Frage stellte, mußte er zugeben, daß es manchmal echt schwierig war, auf einem italienischen Rennrad kurze Trips über schlechte Straßen zu fahren oder den Einkauf zu erledigen. Vielleicht war ja auf dieser Welt auch noch Platz für ein Fahrrad ohne Gangschaltung.

„Der Zufall half mir, meine Einstellung zu ändern", erkannte Kelly später. Während eines Club-Meetings hatte sich ein Ganove John Uthes

Familiensport: Bikepionier Fred Wolf mit Sohn.

Rennrad unter den Nagel gerissen. Jetzt hieß es zu improvisieren. „Am nächsten Tag schraubten wir aus Garys Haufen ein paar ´Speed Clunker´ zusammen. Diese Gefährte erschienen uns für Club Meetings, zum Einkaufen und für Rides in die Berge ganz nützlich."

Clubmitglied Fred Wolf erinnerte die Jungs eines Tages an ihre Kinderzeit. Klar, auch damals waren sie mit ähnlichen Bikes auf heimatlichen Pfaden herumgebrettert. Fred überredete Gary und Charles, ihre Clunker mitzubringen, um damit einen Trail im Wald abzureiten. „Es gab nur ein Problem. Wir hatten nur zwei Bikes, waren aber drei Jungs. Aber das war o. k.. Schließlich waren wir jung und fit. Und so lief abwechselnd immer einer nebenher", schmunzelt Charles. Da das Trio noch keinerlei Erfahrung im Biken auf Singletrails hatte, hielt der Läufer beinahe mühelos mit, besonders sobald es bergauf ging. Nur bergab wollte plötzlich keiner mehr laufen. Kelly löste das Problem durch einen Sturz, bei dem die Sattelstütze brach: „Entrüstet meinte ich, die anderen beiden könnten ruhig fahren, wenn sie wollten. Ich würde die restlichen zwei, drei Kilometer gerne laufen."

Technisch eine einzige Katastrophe

Über den technischen Zustand der Bikes damals schüttelt Charles Kelly den Kopf: „Eine einzige Katastrophe. Doch wir fanden uns damit ab, daß auf jeder Abfahrt irgendetwas brach. Selbst das konnte uns den Spaß nicht verderben. Einmal knickte das vordere Laufrad zusammen. Wir nahmen es raus und befestigten die Gabel an der Hinterachse eines anderen Bikes. So kehrten wir auf einem abenteuerlichen Tandem in die Stadt zurück." Die Bikepioniere schufen Legenden schier unmöglicher Reparaturen, wobei sie meist nur simple Werkzeuge benutzten. „Das meistbenutzte Utensil für unterwegs war neben dem Schweizer Taschenmesser eine Zange. Die klemmten wir ans Sattelrohr und benutzten sie, um lockere Schrauben oder Bolzen anzuziehen oder um gebrochene Teile zusammenzuklemmen."

Gary Fisher und Charles

Materialbruch gehörte zur Tagesordnung.

Kelly waren damals nicht die einzigen, die auf den Trails in Marin County unterwegs waren. Jeder der Canyons, die sich die Flanken des Mount Tamalpais hinabziehen, hatte seine eigene Crew Dirt-Riders. Die „Canyon Gang" aus dem

Örtchen Larkspur hatte sich schon in den sechziger Jahren einen Spaß daraus gemacht, auf Rädern mit dicken Reifen den Berg hinabzurasen. Ein paar Biker behaupten, dort schon 1969 Rennen ausgetragen zu haben – womöglich das erste Fat-Tire-Race überhaupt. Bestimmt hätten es diese Bikefreaks, wie Marc Vendetti, John York, Tom Slifka oder Robert und Kim Kraft verdient, als Väter dieses neuen Sports in die Geschichte einzugehen. Aber technisch hatten sie an ihren Bikes kaum mehr verändert als eine Vorderbremse hinzuzufügen. Auch kamen sie mit ihren Bikeaktivitäten nie aus dem Dunstkreis ihres Städtchens heraus.

Dennoch waren diese Jungs so etwas wie Vorbilder für die Boys aus Fairfax. Sie hatten ihren Stil, die Berge hinabzuheizen, perfektioniert. Regelmäßig schafften sie ihre Bikes mit einem alten Lastwagen auf den Gipfel des Mount Tamalpais, um auf ihrem Lieblingstrail den Canyon hinabzujagen. An einem großen hölzernen Wassertank hielten sie gewöhnlich an. George Newman führte dort Buch über jeden Lauf. Einige in der Gang waren so heiß auf die Abfahrten, daß sie es pro Jahr locker auf ein paar Hundert Downhills brachten.

„Ich glaube, der Unterschied zwischen uns und der Canyon-Gang war der, daß wir über unseren eigenen Tellerrand hinausblickten und uns auch für die europäische Rennszene und vor allem für europäische Rennräder interessierten", analysiert Charles Kelly.

Gary Fishers Tandemnabe mit Trommelbremse.

Erste Wahl: Solide Trommelbremsen

Die Canyon-Gang benutzte bereits wirksame Vorderbremsen – Schwinn Cantilever- und Trommelbremsen. Die Canyon-Boys hatten Spaß daran, ihre Rivalen zu beraten, welche Rücktrittbremsen den Mißbrauch überstehen würden und welche nicht. Von ihnen lernten Kelly und seine Kumpels eine Menge dazu: „Sie waren keine Straßenfahrer wie wir. Sie standen auf nichts anderes als auf Speed und Thrill." Felgenbremsen waren wegen der schweren und rutschigen Stahlfelgen fast nutzlos. Als erste Wahl galten deshalb Trommelbremsen, auch wenn sie schwer aufzutreiben waren. Nachdem die Jungs vom Velo-Club Tamalpais der Canyon Gang einige Tricks abgeschaut hatten, rüsteten auch sie ihre Bikes auf und erklommen nun öfter mal mit dem Truck die Wege der umliegenden Hügel.

Der neue Sport wirkte ansteckend wie Fieber. Eines Tages erzählte Kelly einem Freund von seiner ungewöhnlichen Art radzufahren: „In ei-

„Nie zuvor hatte ich dieses wundervolle Gefühl wie bei meinem ersten Downhill mit einem Fat-Tire-Bike."

Joe Breeze

CLUNKER-BIKES

Klapperkisten auf zwei Rädern

„Clunker" bedeutet im Englischen soviel wie Klapperkiste. So bezeichneten die Bikepioniere die Cruiserbikes aus der Ära der dreißiger bis fünfziger Jahre. Für ihre wilden Downhill-Ritte tunten sie die Räder mit soliden Bremsen, Motorradlenkern und später auch mit Gangschaltungen. „Wenn ich für jemanden einen Clunker zusammenbaute, nahm ich dafür zwischen 350 und 400 Dollar. Viel Gewinn habe ich damit nicht gemacht", erinnert sich Gary Fisher an seine ersten Versuche als Bikedesigner. Ihrer breiten Reifen wegen hießen die Clunker auch Ballooner oder Balloon-Tire-Bikes.

nem Anfall von Begeisterung schwärmte der, daß unsere Art zu Biken sicher irgendwann ins Programm der Olympischen Spiele aufgenommen würde. ´Das ist genauso unwahrscheinlich, wie wenn ein Amerikaner die Tour de France gewinnen würde´, lachte ich. In der Ära von Eddie Merckx war das eine undenkbare Leistung."
Die Bikepioniere waren erstaunt, wieviele Trails und Wege es in ihrer Gegend gab. Sie wollten nun immer weiter weg von den ausgetretenen Pfaden. Das bedeutete, daß sie mit dem Bike die Berge auch hinaufradeln mußten. "Die Lifts per Truck konnten wir nun vergessen", markiert Kelly den Beginn einer neuen Ära. Aber das machte nichts. Die Biker hatten keine Eile. Sie wußten ja, daß sie ohnehin ein paar Mal anhalten mußten, um die Clunker zu reparieren. "Da wir große Übersetzungen für die Abfahrten bevorzugten, kamen wir mit unseren Ein-Gang-Maschinen kaum einen Hügel hoch. Also stiegen wir ab und schoben, manchmal sogar meilenweit."
Schaltungen hätten den Dirt-Bikern sicher geholfen, aber es war unmöglich, sie an den alten Bikes zu montieren. Die Räder besaßen Rücktrittbremsen, die mit Kettenschaltungen in keiner Weise zusammenpaßten. "Natürlich hätten wir gewöhnliche Straßennaben verwenden können, aber das hätte auch bedeutet, Felgenbremsen zu benutzen. Doch die paßten wiederum mit ihrem schmalen Durchmesser nicht auf die dicken Reifen", erklärt Kelly die technischen Probleme.

Fit fürs Gelände dank Schaltung und guter Bremsen.

„Es machte irre Spaß. Aber ich hatte Zweifel, ob es ein Vergnügen für viele wäre, von Kopf bis Fuß mit Dreck bespritzt durchs Gelände zu strampeln."

Joe Breeze

Komponenten vom Schrottplatz

Die meisten Leute aus der Clunker-Clique entschieden sich für Zweigang-Rücktrittnaben von Bendix. Die funktionierten ganz ordentlich und hielten selbst dem rücksichtslosesten Mißbrauch stand. Aber sie waren schwer aufzutreiben. "So fingen Gary und ich an, auf unserer Suche Schrottplätze unter die Lupe zu nehmen", beschreibt Kelly die schwierige Versorgungslage. "Natürlich lieferten wir uns mit der Canyon-Gang einen heißen Wettstreit um die besten Teile, und ich begann im ganzen Land in Bikeshops nach geeignetem Material zu spähen, wenn ich mit der Rockband unterwegs war."
Seinen größten Fund machte Charles bei einem Farmer, etwa 300 Kilometer von Marin County entfernt. In der Scheune stapelten sich die alten Clunker. Als er Gary davon berichtete, war der so scharf darauf, daß er gleich eine Expedition zur Farm startete. Gary kehrte mit einem seiner meistgeschätzten Rahmen zurück, einem „Excelsior X" von Schwinn. Sein gutes Handling auf schnellen Abfahrten hatte ihn zu einer in Marin County kaum noch auffindbaren Legende gemacht.
Gary Fishers Durchbruch kam 1974, als er auf einem Flohmarkt ein altes englisches Tandem aufstöberte. Es lag komplett zerlegt in einer Schachtel. Er kaufte es für 20 Dollar. Unglücklicherweise fehlten so viele Teile, daß er seinen Plan aufgeben mußte, es wie-

GARY FISHER
Vom Freak zum Bikedesigner

Gary Fisher war stets der unermüdliche Antriebsmotor der kalifornischen Bikerszene. Mit seiner Leidenschaft und seinen Visionen verlieh der Freak dem Radsport ungeahnte Faszination.

„Wir waren echte Spinner", erzählt Gary Fisher. „So oft wie möglich gingen Charles Kelly, Fred Wolf und ich Anfang der 70er Jahre raus, um mit unseren Klapperkisten ohne Gangschaltung durch die Wälder zu düsen. Das machte irre Spaß. Die Abfahrten waren wie eine Fahrt in der Achterbahn. Als ich das erste Mal auf einem Clunker die Hügel hinabbrauste, lachte ich geradezu hysterisch. Ich hatte zuvor auf dem Bike schon viel erlebt: Radkriterien, Straßenrennen, Etappenrennen, Mannschaftsfahren. Aber die Clunker-Rides waren wie eine Reise in eine neue Dimension. Plötzlich befanden wir uns an Orten, die wir sonst nie erreicht hätten, in freier, wilder Landschaft.

Doch ein paar Haken hatte die Sache. Die Clunker-Bikes waren den hohen Beanspruchungen im Gelände einfach nicht gewachsen. Ständig gab es Materialbruch. Außerdem waren ohne Gangschaltung fast übermenschliche Kräfte nötig, um die Berge hinaufzukommen. Immer intensiver begann ich deshalb zu tüfteln, wie ich das Bike besser für die Anforderungen im Gelände aufrüsten könnte. Gelegenheit dazu hatte ich genug. Ich war ein Herumtreiber mit Bike, fuhr Rennen, testete Straßenräder für ein Radsportmagazin und arbeitete im Bikeshop „Wheels unlimited" in Fairfax.

Die Kettenschaltung an den Clunker-Bikes bedeutete den entscheidenden Schritt nach vorne. Wer sich einmal auf ein solches Bike geschwungen hatte, den ließ die Sache nicht mehr los. Trotz der primitiven Ausrüstung – mein erster Clunker mit Kettenschaltung wog 42 Pfund – waren auch Freunde begeistert, die jahrelang nicht mehr auf dem Rad gesessen hatten. ´Come on, ich nehme dich zu einer wirklich unglaublichen Radtour mit´, versprach ich.

Bikepionier Gary Fisher.

Und alle kamen mit riesengroßen Augen zurück und sagten: So ein Ding muß ich unbedingt haben.

Mit den Geländebikes mit Schaltung konnten sie in immer kleineren Gängen die Berge hinaufkurbeln und die Hektik des Alltags vergessen. Oben hielten dann alle an und warteten aufeinander und rissen Witze, um dann gemeinsam hinunterzukrachen. Das war ein echtes, gesellschaftliches Phänomen, für mich der große Durchbruch des Mountainbikes. Als ich 1979 mit dem Straßenrennsport aufhörte, war mir bereits klar, daß ich mich künftig verstärkt um diese neue Sache kümmern würde. Ich war eigentlich topfit, hatte drei Monate im Olympia-Trainingslager verbracht und lag in den Weststaaten auf Nummer drei der Rangliste. Doch dann entschied Jimmy Carter, die Olympiade in Moskau zu boykottieren. Hinzu kam, daß mein Nationaltrainer der Meinung war, ich würde langsam alt werden. Also vergaß ich meine Rennkarriere. Längst hatte ich neue Pläne. Ich wußte, das Mountainbike konnte etwas ganz Großes werden, etwas zum Abheben. Ich glaubte auch immer daran, daß mal richtige Rennen mit den Dingern gefahren würden – nicht nur Downhill, auch Cross Country. Mir wurde klar, daß dieser Fahrradtyp im Gelände unschlagbar war. Querfeldein-Fahrer hatten immer ihre Ersatzräder, -reifen und Mechaniker. Das Mountainbike machte all dies überflüssig. Selbständig und frei fahren zu können, das war der Schlüsselgedanke."

der zusammenzubasteln. So gesellte sich die Schachtel mit den Tandem-Teilen zu den restlichen Haufen von antiquierten Fahrradteilen rund um Fishers Haus.

Charles den Rahmen daran anpassen. „Darin entwickelten wir bald eine erstaunliche Routine: Mit einem langen Brett bogen wir die Kettenstreben auseinander", be-

metern erreichte die Gruppe den längsten Anstieg des Tages – Zeit für Garys großen Auftritt. „Wir konnten ihm nur noch neidvoll hinterherstaunen, als er locker vor uns den Berg hinauf

Bergauf eine Qual, bergab extrem laufruhig: Die Clunker-Bikes vom Schrottplatz wogen über 20 Kilo.

Die Lösung: Tandemnabe mit Kettenschaltung

Die Hinterradnabe des Tandems war mit einer großen, unglaublich schweren Trommelbremse ausgestattet. Gary beschloß, sein Bike mit diesem monströsen Teil aufzurüsten. Mit dieser Nabe war endlich der Weg frei für eine funktionierende Kettenschaltung. Doch ganz so einfach war die Aufgabe nicht. Erstmal mußte er für die Nabe mit dem hohen Flansch ausreichend kurze Speichen finden. Da die Nabe auch viel breiter war als gewöhnliche Rücktrittnaben, mußten Gary und

schreibt Kelly das Bike-Tuning nach dem Hau-Ruck-Prinzip. „Mit einem Stück Faden überprüften wir die Ausrichtung. Nachdem wir tüchtig am Rahmen herumgebogen hatten, paßten wir das Laufrad ein. Der nächste Schritt, Schaltung und Schalthebel hinzuzufügen, war dagegen vergleichweise einfach."
1975 war es dann soweit. An einem Sommertag kurbelten Gary, Charles und einige andere Jungs vom Velo-Club durch Marin County. Ein Tag, der die Fahrradwelt revolutionieren sollte. Keiner außer Gary selbst setzte viel Hoffnung auf die Kettenschaltung, denn sein Bike war jetzt noch schwerer. Nach etwa 20 Kilo-

entschwand, während wir mühsam hochschieben mußten", erkannte Kelly die Stärken der neuen Konstruktion. Mit einem Schlag war der Kurs der fetten Tandem-Trommelbremsen gestiegen. Dieser Augenblick machte sie zu regelrechten Kult-Komponenten. Der Rest der Gruppe konnte es kaum erwarten, im nächsten Bikeshop mehr davon zu bestellen.
Im gleichen Jahr verbesserte Gary Fisher die Bikes noch durch einige andere interessante und nützliche Innovationen, die mittlerweile längst an jedem Mountainbike zu finden sind: den Schnellspanner am Sattelrohr und die Daumenschalthebel.

MISS MOUNTAINBIKE WENDE CRAGG
„Cowboys auf Stollenreifen"

Sie hielt die ersten wilden Ritte der Clunker-Piloten im Bild fest und besitzt das umfangreichste Fotoarchiv aus den Gründerzeiten des Bikesports. Gleichzeitig war Wende Cragg die erste Frau, die in der Männerdomäne Mountainbiken ihren Kerl stand.

Mitte der siebziger Jahre präsentierten sich die Clunker-Cliquen ausschließlich als Anhänger eines rauhen und strapaziösen Männersports – zumindest beinahe. Nur einer Frau gelang es damals, die Barriere aus cowboyhaftem Machotum der Fahrer und primitiver Technik der Bikes zu überwinden: Wende Cragg. Genau wie Gary Fisher oder Charles Kelly stammt sie aus dem 5000-Seelen-Nest Fairfax in Marin County. „Ich war ganz einfach zur falschen Zeit am falschen Ort", bekennt Wende Cragg mit einem Schuß Ironie. Fred Wolfe, der zuvor schon Charles Kelly und Gary Fisher auf Fat-Tire-Bikes ins Gelände entführt und mit dem Offroad-Virus infiziert hatte, war ihr Nachbar. Und auch ihr damaliger Ehemann Larry schraubte ständig an irgendwelchen alten Rädern, genauso wie eigentlich alle männlichen Wesen um sie herum. So blieb ihr kaum eine andere Wahl, als die Strategie der Vorwärtsverteidigung. Von ein paar Boys, die vorerst vergebens hofften, mit Wende noch mehr Girls in ihre Clique zu ziehen, ließ sie sich 1975 einen J.C. Higgins-Cruiser aus den frühen 40er Jahren präparieren – „mit 54 Pounds Gewicht ein regelrechter Panzer aus Stahl und Gummi". Die ersten Fahrten mit dem Ungetüm zählten zu den „schmerzhaftesten Erfahrungen", die sie in ihrem Leben gemacht hat. „Ich war überhaupt nicht in Form und nach drei Meilen bereits fix und fertig." Doch Wende biß sich durch und erntete den Respekt ihrer männlichen Clunker-Kollegen. „Wir nahmen sie fast auf jede Tour und zu jedem Rennen mit", bemerkt Charles Kelly anerkennend. „Mehrere Jahre lang war sie die einzige Frau, die ich auf einem Fat-Tire-Bike sah." Auch wenn Wende ihre Mühe hatte, mit den Jungs mitzuhalten, die sich fast alle als

Clunker-Girl: Wende Cragg.

Straßenfahrer dicke Waden antrainiert hatten, zog bald jeder den Hut vor ihr. Noch heute hält sie mit 5:07 Minuten den Streckenrekord für Frauen auf dem Downhill-Kurs am Mount Tamalpais. Damit hatte Wende auch den letzten Skeptikern bewiesen, daß sie ein „ganzer Kerl" war. Viel mehr als für die Rennen begeisterte sich Wende jedoch für ihr zweites Hobby. „Meine Fotokamera war genauso ein neues Spielzeug für mich wie das Bike, und ich nahm sie mit, wo ich nur konnte." Natürlich auch zum Biken. Ob sie eine Vorahnung hatte, was sie da im Dia festhielt? Heute jedenfalls kann Wende Cragg mit ihren Aufnahmen die umfangreichste Fotodokumentation – sie nennt sie „Rolling Dinosaurs Archives" – aus der Gründerzeit des Mountainbikesports vorlegen. Die Leidenschaft fürs Bike bringt selbst über 20 Jahre nach ihrem ersten Clunker-Abenteuer Wendes Augen noch zum Leuchten. „Nichts hat mich im Leben so beeindruckt wie Bikes", sagt sie, „ich habe damit die Welt und die Menschen kennengelernt. Mit dem Bike habe ich die Tiefen des Lebens überwunden – Scheidung, Tod, alltägliche Konflikte. Mein Mountainbike ist mein Psychiater, mein bester Freund."

Streitfrage –
Wer hat das Mountain-
bike erfunden?

Die treibenden Kräfte für die Entwicklung des Mountainbikes sind in Marin County bei San Francisco zuhause. Doch auch vor Gary Fisher und Co. gab es in Kalifornien und anderswo schon findige Tüftler und Bikepioniere.

Wer hat das Mountainbike nun wirklich erfunden? Natürlich gab es schon immer Leute, die es mit dem Fahrrad ins Gelände zog, schon seit es erfunden wurde. Aber erst in den siebziger Jahren entwickelte sich mehr daraus. Eine kleine Gruppe verrückter Jungs, die mit uralten Bikes und breiten Reifen über die Dirt Roads in Marin County nördlich von San Francisco bügelte, löste mit ihrem ungewöhnlichen Hobby und ihrer einzigartigen Hartnäckigkeit und Begeisterung einen weltweiten Fahrrad-Boom aus. Wenn es darum geht, die Väter des Mountainbikens zu nennen, fallen meist Namen wie die von Gary Fisher, Joe Breeze, Charles Kelly, Tom Ritchey und einigen anderen kalifornischen Rahmenbauern. Doch die Evolution des Mountainbikes begann nicht erst mit diesen Schlüsselfiguren.

Schlüsselszene: Start zum West Coast Open 1974. Gary Fisher (Vierter von links) staunt über die Schaltung an den Bikes der Cupertino Gang.

> „Einige Leute haben aus der Evolution des Mountainbikes Kapital geschlagen. Andere, die mit ihren Ideen mindestens genauso bedeutend waren, hat man längst vergessen."
>
> Tom Ritchey

Der Amerikaner John Finley Scott, zum Beispiel, baute bereits 1953 ein Bike auf, das einem modernen Mountainbike schon sehr nahe kam. Mit Ausnahme der schweren Ballonreifen und Stahlfelgen, zu denen es damals keine Alternative gab, hatte Scotts „Woodsy Bike" alles, was später ein Mountainbike brauchte: einen geraden Lenker, einen Diamantrahmen, Cantilever-Bremsen und eine Kettenschaltung. Doch die Zeit war damals wohl noch nicht reif für eine solche Neuentwicklung. Scott blieb noch lange Zeit der einzige Anhänger dieses ziemlich ungewöhnlichen Sports. In den frühen siebziger Jahren erlebte der Radsport in Amerika eine Blütezeit. Erst jetzt zog es dort immer mehr Bike-Fans auch ins Gelände. Bergauf arteten die Ausfahrten auf diesen Ur-Bikes ohne Schaltung allerdings selbst für durchtrainierte Athleten in pure Schinderei aus. Da mußte es doch noch etwas besseres geben.

Wie aus dem Nichts: Clunker mit Gangschaltung

Und genau diese Verbesserung tauchte beim West Coast Open Querfeldeinrennen in Marin auf. Drei Racer, die die Fahrer aus Fairfax nie zuvor gesehen hatten, erschienen am 1. Dezember 1974 mit breitreifigen Balloonern am Start. Die Bikes hatten sie mit Daumenschalthebeln, Gangschaltung und Trommelbremsen aufgemotzt.

„Ich erinnere mich nicht mehr, wer gewonnen hat, aber ich weiß noch gut, wie Gary Fisher, Charles Kelly und ich die Bikes beäugten und uns dann gegenseitig verdutzt

ansahen", beschreibt Joe Breeze den Tag, an dem es wohl in einigen Köpfen kräftig zu rumoren begann.

Seltsamerweise verschwanden die drei Racer mit ihren Prototypen, die den heutigen Mountainbikes schon recht nahe kamen, genauso plötzlich wie sie aufgetaucht waren. Jahrelang hörte man nichts mehr von ihnen. Und selbst Reporter amerikanischer Bikemagazine recherchierten später ohne Erfolg. Erst 1994 entdeckte Tom Ritchey eine Spur. Rein zufällig kam er mit einem Unternehmer ins Gespräch, der Material für das Fundament von Ritcheys Haus lieferte. Er kenne jemanden, der schon sehr früh Kettenschaltung, Trommelbremsen und Motorradbremshebel an ein Ballon-Tire-Bike montiert habe, behauptete der Mann. Ritchey erwartete, nun Gary Fishers Namen zu hören. Doch der Mann erzählte Ritchey von einem alten Freund namens Russ Mahon aus Cupertino. Zusammen mit neun anderen Mitgliedern des „Morrow Dirt Clubs" – Carter und Tom Cox, Bill Hana, Bernie und Kathy Mahon, Steve Mallet, Joe Pratter, Greg True und Steve Secrest – habe er die Bikes so aufgerüstet, um „mit dem Rad zu wandern". Ort und Zeit der Handlung: Cupertino bei Saratoga in Kalifornien im Jahr 1973 – also noch bevor Gary Fisher sein Clunker-Bike mit einer Gangschaltung wirklich bergtauglich machte.

Spurlos verschwunden

Seine Behauptung stützt Mahon auf ein Foto, das einige Mitglieder der Cupertino Gang am Start jenes schicksalhaften Querfeldeinrennens in Marin zeigt. Gary Fisher ist

Mountainbike-Dinosaurier: Bereits 1973 montierten die Mitglieder der sogenannten Cupertino Gang in Kalifornien Gangschaltungen an ihre Fat-Tire-Bikes. 1974 trafen sie auf die Bikepioniere aus Marin County.

Vollgas-Clunker: *Russ Mahons Geländebike war vermutlich eines der ersten mit Gangschaltung.*

auf dem Bild ebenfalls zu sehen, wie er über seine Schulter auf das Grüppchen mit Russ Mahon, Carter Cox, Bernie Mahon und deren Bikes blickt. Die drei Clunker waren leicht unterschiedlich, doch drei Dinge waren allen gemeinsam: Trommelbremsen, die Kettenschaltung und Suntour-Daumenschalthebel.

Russ Mahon erinnert sich: „Am Abend vor dem Rennen kam ein Bericht über uns in den Lokalnachrichten. Schaut euch diese gewieften Kerle an, war der Tenor des Berichtes. Das war unser erster und einziger öffentlicher Auftritt. Ich fuhr nie wieder Rennen mit diesem Bike, auch wenn ich weiter Rad fuhr und es noch immer tue."

Inzwischen wurde Mahon für seine Verdienste in den Kreis des „Mountain Bike Hall of Fame"-Museums in Crested Butte/Colorado aufgenommen, wo sich die größte Sammlung zur Geschichte des Mountainbikesports befindet.

„Ganz schön aufregend" findet es Mahon im nachhinein, daß sein möglicher Beitrag zur Entwicklung des Mountainbikes so anerkannt wurde. Trotzdem fühlt er sich nicht betrogen, daß der Sport dann ganz ohne ihn weiterlief. „Wir haben die Leute einfach auf die Berge gebracht. Es war so etwa 1972, als mir bewußt wurde, daß die Straßen ein-

Wettrüsten: *Gangschaltung für die Jagd nach der Bestzeit.*

fach zu gefährlich sind. Ich wollte draußen in der Natur trainieren. Es war doch ganz klar, daß ich mir dazu ein stabiles Rad mit entsprechender Übersetzung aussuchte. Aber ich sah in dem Gerät niemals das Potential für ein 2000-Dollar-Bike. Eine solche Vision hatte ich nicht." Mit seinen Kumpels war er beim Rennen in Marin County einfach nur erschienen, „um mordsmäßig Spaß zu haben und unsere Konstruktionen ein bißchen zur Schau zu stellen."

„Und trotzdem hat die Begegnung mit dieser Gang in uns vielleicht den zündenden Funken entfacht", sinniert Joe Breeze. „Auf jeden Fall wären wir ohne Kettenschaltung auf unseren Clunkern früher oder später immer träger geworden. Und vielleicht wäre die ganze Sache dann wieder eingeschlafen. Und eines weiß ich genau: Der Fotograf, der das Bild mit den Cupertino Racern und Gary Fisher schoß, muß ein Botschafter der Zukunft gewesen sein."

Diskussionen über den wahren Erfinder

Und noch an einigen anderen Ecken Kaliforniens flackerte in den siebziger Jahren das Offroad-Fieber unter den Radfahrern auf. Chuck Elliot aus Chico, genannt „Bodfish", entdeckte unabhängig von den Bikern in Marin County ebenfalls sein Herz fürs Biken im Gelände. 1976 veranstaltete er erstmals ein Rennen – noch mehrere Monate vor dem berühmten Repack Race am Mount Tamalpais.

In Marin County hält der Streit darüber, wer das Mountainbike denn nun erfunden hat, auch über 20 Jahre nach der Clunker-Ära an. Dem „Marin Independent Journal" war die Frage sogar einen längeren Zeitungsbericht wert. Tenor des Artikels vom 6. August 1996: Keiner der Bikepioniere beansprucht die Bezeichnung „Erfinder des Mountainbikes" so hartnäckig wie der Publicity-Fuchs Gary Fisher. „Sein Anspruch ´Ich habe das Mountainbike erfunden.´ läßt viele, die zur Entwicklung ihren Teil beitrugen, im Regen stehen", kritisiert Joe Breeze. „Natürlich habe ich nicht das Fahrradfahren im Gelände erfunden", entgegnet Gary Fisher, „was ich kreiert habe, ist etwas, womit man anständig in den Bergen fahren kann." Also alles nur Definitionssache? Irgendwie schon. Denn niemand hat je genau festgelegt, wie ein Mountainbike auszusehen hat. Carol Bauer-Romanik, Kuratorin des Mountain Bike Hall of Fame-Museums in Crested Butte/Colorado verweist auf Anzeigen australischer Radfahrer aus dem Jahr 1972, die dafür warben, „Wie Sie aus ihrem Rad ein Geländebike mit Mehrfachschaltung machen". „Für mich ist so etwas ein Mountainbike", sagt Bauer-Romanik.

Dennoch, die treibenden Kräfte, die dem Mountainbike schließlich zum weltweiten Durchbruch verhelfen sollten, sind in Marin County zuhause. Hier zeigte sich so deutlich wie nirgendwo anders zuvor, daß die Zeit einfach reif war für einen neuen Fahrradtyp: Im freien Kalifornien zeichnete sich deutlicher als anderswo ein neuer Gesellschaftstrend ab. Die Ölkrise verdeutlichte nur allzu klar die Schranken vermeintlich grenzloser wirtschaftlicher und technischer Entwicklung, die Menschen sehnten sich nach Naturerfahrungen. Hinzu kam die sportliche Begeisterung der Clunker-Clique in Marin County und ihre Nähe zu Rahmenbauern und zur Fahrradindustrie. „Unsere Gruppe von Bikern in Marin County unterschied sich von allen anderen vielleicht dadurch, daß wir das Ziel, aus unserem Hobby mehr zu machen, hartnäckiger verfolgten als alle anderen", vermutet Joe Breeze.

Joe Breeze: „Mehr als nur ein verrücktes Hobby."

Und zu den hartnäckigsten zählte Gary Fisher. Sicherlich kann er nicht für sich alleine beanspruchen, das Mountainbike „erfunden" zu haben. „Da stand nicht plötzlich ein Mountainbike im Licht, weil jemand in der Dunkelheit ein Streichholz angezündet hatte. Es war vielmehr eine Kettenreaktion. Und daran waren viele beteiligt", beurteilt Charles Kelly, Bikejournalist der ersten Stunde, die Entwicklung, die er so hautnah miterlebte wie wohl kein anderer. Doch Fisher war der Motor, der das neue Sportgerät publik machte. Er gründete die erste Mountainbike-Firma und sorgte künftig dafür, daß das Fernsehen und die Printmedien von den Rennen berichteten.

Repack – Start frei zum ersten Downhill-Rennen

Das erste Bikerennen in Marin County setzte ein technisches Wettrüsten in Gang. Gary Fisher schrieb mit seiner legendären Rekordfahrt am Mount Tamalpais das erste Kapitel Renngeschichte.

Mit Bergauffahren hatten die kalifornischen Bikepioniere herzlich wenig am Hut. Zwischen 20 und 25 Kilogramm brachten ihre selbstgebastelten Clunker auf die Waage. Mit Leichtbau oder guten Klettereigenschaften hatte das Gründerzeit-Tuning kaum etwas zu tun. Ebenso wie alle anderen Biker-Gangs begann auch die Clique um Charles Kelly und Gary Fisher ihre Bikerides meist motorisiert. Die Jungs hievten die Bikes auf die Ladefläche eines alten Lastwagens und fuhren damit ihren Hausberg Mount Tamalpais hoch, soweit die Straßen geteert waren. Anschließend schoben sie die übergewichtigen Monster keuchend bis zum Gipfel hoch, wo endlich ein traumhafter Blick auf San Francisco und die Vorfreude auf die bevor-

den Downhill", erinnert sich Charles Kelly. „Auf einem modernen Mountainbike hätten uns die Anstiege weder Atemnot noch Muskelkater beschert. Doch diese Ära ähnelte den Tagen, bevor Skilifte den alpinen Skisport wandelten. Welcher Verrückte rannte damals schon stundenlang bergauf durch den Schnee, nur um für ein paar Augenblicke zu gleiten? Genau jene Fanatiker, die ´Mountain Bikes´ fuhren."

Mr. Repack: Gary Fisher zählte bei den ersten wilden Downhill-Rennen zu den gefürchtetsten Gegnern.

Shuttle-Service: Trucks versüßten den Repack-Teilnehmern die schweißtreibenden Anstiege.

stehende Abfahrt für die Schinderei entschädigten. „In einer Zeit, in der Bikes um die zehn Kilo wiegen, vergißt man leicht, daß unser Leben damals immer nur auf einen kurzen Moment fixiert war –

Irre Typen – schrullig und schnell

Die Bikercliquen in Marin County bestanden aus einem kunterbunten Sammelsurium schrulligster Charaktere. Eine

große Gemeinsamkeit hatten sie allerdings – genügend Zeit zum Biken. Nur wenige gingen so etwas wie einem geregelten Job nach. Kaum einer war verheiratet. Einige verdienten ihr Geld bei der Feuer-

Downhill mit Rücktrittbremse

Die Geschwindigkeit zu kontrollieren, war auf den ersten Clunkern eher Glückssache. Von wegen Cantilever- oder Hydraulikstopper – die Downhill-Maschinen der Bike-Pioniere besaßen anfangs nicht einmal eine Vorderbremse. Charles Kelly läßt die alten Zeiten des Schrottplatz-Tunings wieder aufleben: „Nicht jede Rücktrittbremse war solide genug, pro Jahr ein paar Hundert halsbrecherische Abfahrten zu überstehen. Man mußte sich auf Schrottplätzen schon durch eine Menge Müll wühlen, um die soliden alten Stücke aufzutreiben. Einen Downhill mit Rücktrittbremse zu fahren, war eine einzigartige Erfahrung, die die meisten Mountainbiker wohl niemals erleben werden. Je heißer die Bremse wurde, desto mehr Druck war nötig – und irgendwann nützte selbst der größte Kraftaufwand nichts mehr. Da der Körperschwerpunkt beim Bremsen so weit nach hinten rutschte, bevorzugten die frühen Downhiller weit ausladende und nach hinten gezogene Lenker. So konnnten sie ihr volles Gewicht auf die Bremse legen. Da die Bremswirkung hinten geringer ist als vorne, war der Bremsweg beinahe endlos. Nach vielen dieser waghalsigen Downhill-Runs sehnten sich die meisten Fahrer nach einer Vorderradbremse."

Fuß raus und durch die Kurve: Die Bremsen waren bei den rasanten Abfahrten meist völlig überfordert.

wehr. Das bedeutete, sie hatten 24 Stunden lang Bereitschaftsdienst und anschließend zwei Tage frei. Das bedeutete Zeit genug, um mit dem Bike in die Berge zu fahren. Charles Kelly arbeitete für Rockband als Roadie und Tontechniker. Wenn er nicht gerade auf einer Konzerttour war, hatte er also jede Menge Zeit. Gary Fisher und ein paar andere arbeiteten in Bikeshops. Dort schraubte die Clique nach Ladenschluß noch an ihren Rädern und konnte Ersatzteile zu Sonderpreisen erstehen.

Es waren immer wieder die selben Typen, die mit ihren Clunker-Bikes auf den Hügeln von Marin County zusammenkamen. Der Downhill, das war ihr Ding. In einer wilden Horde jagten sie die Dirt Roads hinab und kämpften Kopf an Kopf um die Führung. Wer nach dem Start einmal die Pole Position übernommen hatte, dem war sie kaum noch zu nehmen.

Als Bikerevier diente ein Netz von Wegen und Pfaden, auf denen man heute saftige Strafen riskiert, wenn man sich mit dem Bike erwischen läßt. Eine der ersten Routen führte an einer breiten Fire Road entlang. Jahre zuvor war auf dieser Strecke eine Eisenbahn mühsam zum Gipfel hochgeschnauft. Als die Schienen längst weg waren, diente die Eisenbahntrasse weit rasanteren Zwecken. Wegen ihrer sanften Neigung funktionierten sie die Biker als Rennstrecke für Hochgeschwindigkeitsfahrten um. „Sie forderte uns mit vielen Kurven, die nur schwer einzusehen waren. Überwältigt von unseren Downhill-Künsten drifteten wir bei unserem ersten High-Speed-Rennen Bike an Bike um eine enge Kehre. Ein elektrisierender Adrenalinschub schoß mir durch die Adern", sieht Charles Kelly die ersten Wettfahrten noch heute vor seinen Augen, als wäre es gestern gewesen.

„Die Fat-Tire-Bikes sahen ganz schön machomäßig aus. Aber du konntest damit einfach überall fahren."

Gary Fisher

Fred Wolf, der Gary Fisher und Charles Kelly einst überredet hatte, ihre alten Clunker mit hinaus in die Wälder zu nehmen, brillierte schließlich abermals mit einer zündenden Idee: ein Rennen gegen die Uhr. Gleiche Chancen für jeden, das war's. Als Kulisse für den großen Showdown hatte Fred einen der steilsten Hügel gewählt, den er kannte. Die Bremsen wurden auf diesem Höllenritt so heiß, daß in den Naben das Fett schmolz und verdampfte. Hinterher

Kampf um Sekunden: Bei Höchstgeschwindigkeit verwandelte sich die Repack-Strecke für manche Piloten in einen spektakulären Schleuderkurs. Doch selbst halsbrecherische Überschläge taten den Fights der Clunker-Cliquen gegeneinander keinen Abbruch.

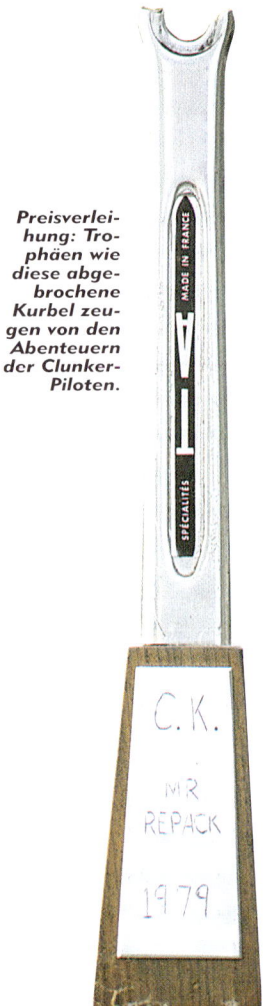

Preisverleihung: Trophäen wie diese abgebrochene Kurbel zeugen von den Abenteuern der Clunker-Piloten.

Fix und fertig: Gary Fisher nach seiner Rekordfahrt.

> „Repack brachte alle Clunker-Piloten zusammen. Durch diese Rivalität beschleunigte sich die Entwicklung des Mountainbikes."
>
> Joe Breeze

mußten es die Clunker-Piloten nachfüllen, was auf Englisch „Repack the grease" heißt. Fred Wolf nannte den Kurs deshalb kurzerhand „Repack".

Downhill gegen die Uhr

Am 21. Oktober 1976 war es soweit. Ein kleines Häuflein Racer versammelte sich am Gipfel des Mount Tamalpais, um auf der groben Schotterpiste den Champion zu ermitteln. Zwei abenteuerliche Zeitmeßgeräte – eine Navy-Taucheruhr und ein Wecker – sollten die Bestzeit genauestens festhalten. „Am Start setzten wir beide Uhren gleichzeitig in Gang. Im Ziel fungierte die Frau eines Fahrers als ebenso akribische wie unbestechliche Zeitnehmerin – bewaffnet mit dem Wecker, Stift und Notizblock", erläutert Charles Kelly die sehr selbstgestrickt anmutende Zeitnahme. Gewonnen hat damals ein Feuerwehr-

Siegestrophäe: Die Bikeshops rund um Fairfax stifteten die Preise für die Clunker-Racer und zählten damit zu den ersten Mountainbike-Sponsoren.

mann aus San Francisco. Bob Burrows hieß er, bergauf einer der miesesten Fahrer. Er war stolz wie Oskar, eine Disziplin gefunden zu haben, in der er starke Fahrer gleich reihenweise versägen konnte.

WO DIE BREMSEN QUALMEN

Downhill - Legende
Repack

Das englische Wort „repack" bedeutet so viel wie auffüllen. Eine absolut passende Bezeichnung für Fred Wolfs ersten Downhillkurs. Eine Abfahrt mit dem schweren Bike und einem noch schwereren Fahrer brachte das Fett in den Naben zum Qualmen. Das flüssige Schmiermittel tropfte aus der Hinterradnabe. Zuhause mußten die Racer die Rücktrittbremse und Nabe jedes Mal zerlegen und nachfetten. Mittlerweile ist die Strecke selbst auf offiziellen Landkarten als „Repack Road" eingezeichnet. Sie schraubt sich auf drei Kilometern Länge etwa 400 Höhenmeter ins Tal hinab. Da es in den siebziger Jahren noch keine handlichen Videokameras gab, liefen die ersten Clunker-Piloten den Downhill-Kurs zu Fuß ab und schossen alle paar Meter Dias. Zuhause projizierten sie die Bilderserie an die Wand und lernten dadurch den Kurs auswendig.

Das Wettkampffieber steigt

Ein denkwürdiges Ereignis. Jetzt war jeder noch mehr angespornt. Die Jagd nach der Bestzeit lief unaufhaltsam. Mehr oder weniger zufällig war ein neuer Wettkampfsport geboren. In seinen Erinnerungen schreibt Charles Kelly: „Ich glaube, an jenem Tag dachte keiner von uns daran, das Rennen zu wiederholen. Es ging uns einzig und allein darum, ein für alle Mal zu ermitteln, wer von uns der schnellste Downhiller wäre. Danach würden wir uns wohl wieder weniger wichtigen Fragen dieser Welt widmen. Doch es kam alles ganz anders. Nach einigen Diskussionen sahen alle ein, daß ein

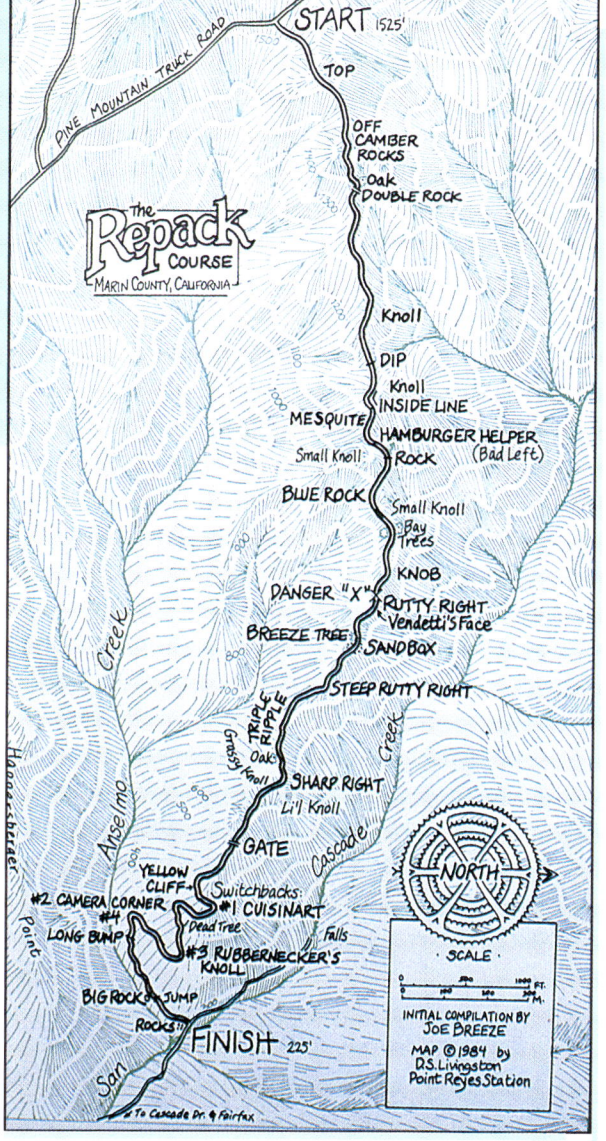

The Repack Course, die Mutter aller Downhill-Strecken: Joe Breeze fertigte eine detaillierte Streckenskizze an, auf der er die Schlüsselstellen des ersten Offroad-Hochgeschwindigkeits-Kurses einzeichnete. Namen wie „Breeze Tree", „Dead Tire" oder „Vendetti´s Face" erzählen von teilweise schmerzhaften Abenteuern der Downhill-Pioniere.

von dem Rennen bekommen. „Die Boys munkelten, daß wir uns vor ihren Downhill-Künsten fürchteten und wir sie deshalb nicht eingeladen hätten. Das ließen wir nicht auf uns sitzen. Ein drittes Rennen mußte her. Diesmal siegte Joe Breeze. Die Canyon-Gang merkte, daß wir die Strecke mit all ihren verzwickten Kurven wie unsere Westentasche kannten. Von nun an tauchte die Gang regelmäßig bei den Rennen auf. Damit stieg die Zahl der Racer auf zwölf."
Wenig später meldete sich eine dritte Gang aus Berkeley. In den Hügeln dort hatte sich eine Clique ähnlich der Canyon-Gang zusammengefunden, die „Berkeley Trailers Union" (BTU). Nur zwei Monate nach dem ersten Rennen gingen beim Repack-Downhill schon 21 Fahrer an den Start. Zum einziges Rennen noch lange nichts entschied. Im Gegenteil, jetzt stieg das Wettkampffieber erst richtig. Nicht jeder aus unserer Clique hatte an dem Rennen teilgenommen. Wer nicht dabei gewesen war, suchte nach einer Möglichkeit, sich als rasender Clunker-Pilot zu beweisen. So fiel zwei Wochen später erneut das Startzeichen."

Die Aufzeichnungen dieses Rennens zieht Kelly bisweilen heute noch aus seiner Schreibtischschublade. Neben den sieben Fahrern stoppten die wilden Racer auch die Zeiten zweier Hunde, die ihren Herrchen downhill nachhechelten. Wieder gewann Bob Burrows – mit der ersten schriftlich festgehaltenen Zeit unter fünf Minuten: vier Minuten, 50 Sekunden.

Nach dem zweiten Wettkampf hatte die Canyon-Gang aus dem Örtchen Larkspur Wind

Typisch Repack: Staubwolken und qualmende Bremsen.

ersten Mal gewann nun ein Mitglied der Canyon-Gang das Rennen – und das auf einem kaum downhill-getunten Bike ohne Vorderbremse.

Sagenhafte Bestzeit

Den legendären Streckenrekord hält bis heute Gary Fisher: In 4:22 Minuten raste er am 5. Dezember 1976 den Mount Tamalpais hinab. Joe Breeze gewann insgesamt zehn der 24 Repack-Rennen, so viel wie kein anderer. Nur zwei Sekunden hinter Gary steht er mit der zweitschnellsten Zeit in der Bestenliste. Otis Guy liegt mit einer weiteren Sekunde Rückstand auf Rang drei. „Wir trugen die Repack-Rennen von 1976 bis 1984 aus. Am Ende fiel das Rennen seiner eigenen Popularität zum Opfer. Das 90köpfige Starterfeld und die Zuschauer sorgten schließlich für zu viel Trubel in einer ansonsten sehr verschlafenen Gegend. Im Mai 1984 machten die Behörden Repack den Garaus", bedauert der damalige Rennorganisator Charles Kelly das Ende des Kultrennens.
Bis dahin hatte Repack aber eine regelrechte Lawine ausgelöst. Repack brachte erstmals Fahrer aus verschiedenen Gegenden zusammen. Alle profitierten davon. Neben der Jagd auf die Bestzeit war nun auch der Wettbewerb um das beste Material voll entbrannt. Es entwickelte sich ein wahres Wettrüsten um das schnellste und stabilste Bike.

REPACK-REKORDHALTER GARY FISHER
„Mann, Du mußt gewinnen"

So schnell wie er war kein anderer. Gary Fisher erinnert sich an seine Repack-Rekordfahrt:
„Es war am 5. Dezember 1976. Ich hatte vor dem Rennen Steine als Markierungen auf die Strecke gelegt. Sie signalisierten mir, wo ich mit Speed in die Kurven gehen konnte und wo ich bremsen mußten. Ein kräftiger Rückenwind half bei meiner Rekordfahrt in 4:22 Minuten etwas nach.
Eigentlich war ich ja ein erfolgreicher Straßenrennfahrer, aber ab diesem Tag war ich eben auch der schnellste Downhiller in Marin County.
Die Leute bei uns hatten kaum Ahnung von Radrennen. Aber über Repack wußten sie alles. Selbst im Lebensmittelladen sprachen sie mich an: ´Mann, Du mußt das Rennen gewinnen.´ Meine Erfolge als Straßenrennfahrer interessierten keinen. Was zählte, war Repack.
Das zeigte sich auch, wenn wir Sponsoren für die Siegerpreise suchten. Wir gingen meist leer aus, wenn wir die Bikehändler um Preise für Straßenrennen anhauten. Bei den Repack-Rennen war das anders. Die Händler rückten Reifen und Felgen raus. Diese plötzliche Sympathie war leicht zu erklären. Am Montag nach dem Rennen kamen alle Fahrer mit kaputten Bikes in den Shop. That was really great!
Leider sind Bike-Rennen am Mt. Tamalpais inzwischen längst verboten. Marin County ist eine 'Bedroom Community' und zugleich eine der reichsten Gegenden Kaliforniens. Die Leute zahlen eine Menge Geld, um dort zu leben. Marin ist ihr Schlafzimmer. Da lassen sie nicht gerne Leute von draußen rein. Große Sportereignisse oder Rock-Konzerte sucht man hier heute vergebens."

Rekordhalter: An Gary Fishers Bestzeit bissen sich die Konkurrenten die Zähne aus. Sein legendärer Rekord von 1976 besteht noch heute.

Rahmenhandlung –
Bikes in Handarbeit

Ein handgefertigter Bikerahmen löst Goldgräberstimmung unter den Pionieren aus. Orte der Handlung: unscheinbare Hinterhof-Werkstätten und ein kleines Wohnzimmer in Marin County.

Erst der Plan, dann das Werk. Aus einer Handskizze entstand letztendlich der erste Bikerahmen von Joe Breeze.

Den Punkt, an dem das Clunker-Abenteuer eine geschichtsträchtige und für das Mountainbike zukunftsträchtige Wende nahm, markiert wahrscheinlich die Premiere von gezielt für den Geländeeinsatz konstruierten Bikerahmen. Verfolgen wir die Spuren der Custom-Schmieden zurück. Sie führen uns nach Marin County ins Jahr 1976. „Früher oder später würde irgendwer irgendwo den ersten Mountainbike-Rahmen fertigen, das war uns damals schon klar", erinnert sich Bikepionier Charles Kelly. „Es mußte nur jemand die Motivation aufbringen, den Stein ins Rollen zu bringen." Als Antrieb diente den Clunker-Piloten in Marin County ihr großartiges Hobby – das Repack-Rennen. Anfangs gingen nicht mehr Fahrer an den Start, als bei einem bedeutungslosen Dorfrennen. Der kleine Unterschied: Der Ehrgeiz der Ur-Downhiller kannte keine Grenzen. „Wir waren heiß auf die Bestzeit, als ginge es um den Weltmeistertitel", skizziert Kelly die Rennatmosphäre. Im Zeitalter von Downhill-Rennen, bei denen die Racer in der Seilbahn ohne einen Tropfen Schweiß zu vergießen zum Start nach oben gondeln, erscheint der Repack-Kurs heute fast zahm. Doch wer jemals auf einem 20 Kilo schweren Clunker gesessen und ihn einen steilen Berg hochgezerrt hat, für den war er doch ein ziemlich mächtiger Hügel.

Racebikes: Pfunde runter

Jeder fieberte danach, von dieser Ochsentour bergauf erlöst zu werden. Mit der Kettenschaltung hatten die meisten den ersten Schritt schon getan. Nun war die Zeit reif für den nächsten. Die Bikes mußten leichter werden.

> „Die Fähigkeiten, Offroad-Rahmen zu bauen, hatte nur eine Handvoll Auserlesener."

Abgesehen von ihrem hohen Gewicht hielten die Clunker-Rahmen auch nicht viel aus. Wer mit ordentlich Power zur Sache ging, verheizte pro Saison locker zwei Rahmen. Dabei schrumpfte der Nachschub.

Präzise Handarbeit: Joe Breeze stellte schon an seinen ersten Mountainbike-Rahmen hohe Ansprüche. Wochenlang feilte und schweißte er in der Werkstatt.

Die Preise für hochwertige alte Rahmen schnellten in die Höhe wie die Gebote für einen frühen Picasso auf einer Kunstauktion. Die kontroversen Diskussionen darüber, wie und womit man einen Offroad-Rahmen bauen könnte, dehnten die Vereinsabende des Velo-Club Tamalpais oft aus bis in die tiefe Nacht. Darüber zu palavern war eine Sache; es wirklich zu tun, jedoch eine andere. Die Fähigkeiten, ein solches Bike zu schweißen, besaß allenfalls eine Handvoll Auserlesener.

Geometrie: Vorbild Schwinn Excelsior

„Endlos zerbrachen wir uns die Köpfe über fiktive Konstruktionen. Welche Geometrie würde die beste sein? Wir hatten keine Ahnung. Welche Laufräder wohl den gnadenlosen Schotterpisten standhalten würden?" rekonstruiert Charles Kelly die Fragen, die damals heiß diskutiert wurden. 1976 fertigten die Teileproduzenten 26-Zoll-Felgen ausnahmslos aus schwerem Stahl. Alu-Felgen existierten nur in der 20-Zoll BMX-Version. Damit ließ sich ordentlich Gewicht sparen und man konnte auch hochwertige Reifen dafür erstehen. Doch grobes Gelände schüttelte die Besitzer solcher Mini-Laufräder erbärmlich durch. „Lächerliches Spielzeug", spotteten die meisten Rennfahrer.

Im Kampf um einen technologischen Vorsprung, der sich ganz bestimmt auch im Rennen auszahlen würde, klopfte Charles Kelly bei Craig Mitchell an. Er verstand etwas von Rädern – und vom Schweißen. „Ich erkundigte mich, ob er mir einen Rahmen bauen könnte, aus Cromoly-Rohren, wie sie beim Flugzeugbau benutzt wurden, und mit der Geometrie eines Schwinn Excelsior." Um Geld zu sparen, montierte Kelly die Gabel und die Komponenten seines alten Excelsior an den

Fahrbereit: Der erste handgefertigte Bikerahmen von Joe Breeze.

Reif fürs harte Gelände: Der leichte Breezer-Rahmen läutete eine neue Ära ein.

neuen Rahmen. Im Herbst 1976 war die Geheimwaffe einsatzbereit. „Ich löhnte Craig 135 Dollar. Wenige Rennen später wußte ich, daß ich das Geld in den Sand gesetzt hatte. Ich schlug mit der neuen Maschine kaum mehr Konkurrenten als zuvor. Es mußte an dem Bike liegen. Mit der Geometrie stimmte irgendetwas nicht. Man sah es ihm deutlich an. Dieses Bike befand sich einfach noch zu sehr im Versuchsstadium. Ich reklamierte bei Craig und forderte mein Geld zurück."

Nächster Versuch: Der damals wohl bekannteste ameri-

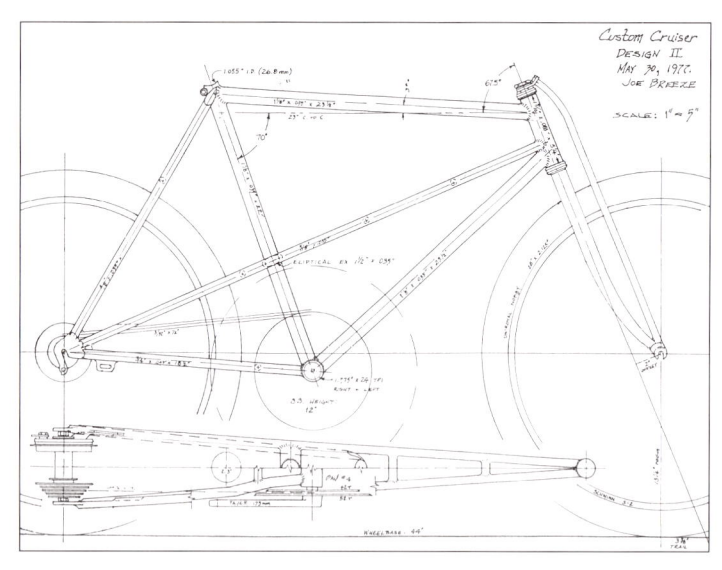

Konstruktionsplan: Der erste Breezer kostete Joe Breeze eine Menge Zeit.

Unverwechselbar: Die ersten zehn Breezer-Bikes besaßen diagonale Stützrohre.

Klassisch: Jeffrey Richman hielt sich wie Tom Ritchey an die Schwinn-Geometrie.

kanische Rahmenbauer für Rennräder, Albert Eisentraut aus Berkeley, bot Fortbildungskurse für künftige Fahrradkonstrukteure an: 14 Tage, je 12 Stunden. Am Ende hielt der Auszubildende seinen ersten selbstgebauten Rahmen in Händen. Einer von Eisentrauts Schülern hieß Joe Breeze. Nach dem Kurs 1974 hatte er für Freunde in der Werkstatt seines Vaters ein paar Rennräder zusammengeschweißt. Charles Kelly versuchte nun sein Glück mit Joe.

Breezer Nr. 1 für 800 Dollar

Anfang 1977 begegnete Charles Kelly zufällig Joe Breeze auf einer Trainingstour. Die beiden hielten an, um ein bißchen zu plauschen. „Was muß ich anstellen, damit du mir einen Offroad-Rahmen baust", sprudelte es aus Kelly heraus. Charles zählte körperlich zu den größten und schwersten Bikern rund um Fairfax und ruinierte schon deshalb einen Rahmen nach dem anderen. „Alles, was ich brauche, ist genügend Geld", entgegnete Joe dem 100-Kilo-Mann. „Wieviel?" hakte Charles nach. „Ungefähr 800 Dollar", rechnete Joe vor. Bei ihrem nächsten Treffen drückte ihm Charles 300 Dollar in die Hand und bat ihn anzufangen. Joe nahm das Geld an – und damit eine neue Herausforderung.

Wenig später winkten Joe Breeze immer mehr Fahrer mit Dollarnoten. Wie ein Lauffeuer hatte sich die Nachricht verbreitet, daß er Rahmen für Fat-Tire-Bikes bauen würde. Man mußte damals an die 450 Dollar hinlegen, um einen Clunker rennmäßig zu tunen. So schienen 750 Dollar für ein neues Bike ein guter Preis zu sein. Hinterher stellte sich heraus, daß sich Joe ordentlich verkalkuliert hatte. Der Preis war viel zu niedrig. Hunderte von Stunden hatte er in seine Design-Ideen, Konstruktionszeichnungen und die sorgfältige Verarbeitung der Rohre investiert. Den ersten Rahmen baute Joe für sich selbst, den zweiten versprach er Kelly. Der blickt zurück: „Acht Monate nach unserem ersten Gespräch saß ich auf meinem Traumbike.

EDEL-SCHWEIßER JOE BREEZE:
Das Ende der Clunker-Ära

Bikerahmen von Joe Breeze zählen noch heute zu den edlen Klassikern. Er schuf die ersten zuverlässig funktionierenden Mountainbike-Rahmen.

„Rahmenbau lernte ich mit 21 Jahren bei dem damals bekannten amerikanischen Rahmenexperten Albert Eisentraut in einem 14tägigen Fortbildungskurs. Natürlich machen zwei Wochen noch keinen perfekten Rahmenbauer. Zwei Jahre lang lernte ich am College Maschinen- und Metallbau. Mein Vater, ein Automechaniker und Rennwagenfahrer, brachte mir die Feinheiten bei.

Eine komplette Lehre habe ich nie absolviert. Die Bikeindustrie damals war unglaublich klein. Rennräder, das war nur etwas für Individualisten und Enthusiasten. Es frustrierte mich manchmal ganz schön, ohne fremde Hilfe vorwärts kommen zu müssen. Ebenso schwierig war es, geeignetes Material aufzutreiben.

Bei meinem ersten Breezer profitierte ich natürlich von meinen Erfahrungen im Rennradbau. Ich wollte nicht nur technisch funktionierende Rahmen bauen, sondern es mußten schon immer auch schöne Teile sein. Meist steckte ich viel zu viele Stunden in einen Rahmen. Erfolgreicher Rahmenbauer bin ich nur, was die mechanische Seite betrifft; rein wirtschaftlich weniger.

Auf jeden Fall sorgten die ersten Breezer aber für ordentlich Aufsehen. Selbst überzeugte Straßenfahrer riskierten intensive Blicke auf die neuartigen Bikes. Plötzlich war die Ära der alten, klapprigen Clunker vorbei. Im Rampenlicht stand ein glänzendes, neues Beispiel, ein Fat-Tire-Bike mit 18 Gängen und 19 Kilo Gewicht.

Das Bike ermöglichte es, plötzlich in ganz neue Regionen vorstoßen, weg von den Autos. Die Stabilität der Bikes signalisierte so etwas wie Freiheit.

Schweißer-Legende: Joe Breeze.

Hinzu kamen die für ein Sportbike ziemlich aufrechte Sitzposition und der bequeme Sattel.

Nur am passenden Zubehör mangelte es noch. Wir taten uns in den siebziger Jahren schwer, die Komponenten-Hersteller für unsere Sache zu gewinnen. Ein lukrativer Markt für Fat-Tire-Bikes existierte noch nicht. 1979 produzierte National Tire den ersten hochwertigen Mountainbike-Reifen, den Panaracer Snakebelly. Dann kam Ukai mit den ersten Alufelgen. Ein überwältigender Fortschritt. Alleine mit diesen beiden Innovationen speckten wir unsere Bikes um 2,7 Kilo ab."

Lawwill-Knight ProCruiser: Extrem flacher Steuerrohrwinkel, die Handschrift eines Motorradkonstrukteurs.

Bogen-Design: Mit einem Bike im Cruiser-Stil stiegen die Cook Brothers ins Mountainbike-Geschäft ein.

Der Renner: Gary Fisher startete mit einem Rahmen von Tom Ritchey ins Bike-Business.

Die anderen Kunden machten sich schon Sorgen um ihr Geld, denn es dauerte noch Monate, bis Joe die restlichen acht Rahmen liefern konnte." Der Markt für die Spezial-Bikes beschränkte sich zwar auf eine kleine Region, doch mit zehn Rädern war der Hunger aller Interessenten noch lange nicht gestillt. Joe erkannte schnell, daß er mehr Bikes verkaufen konnte, als er zu bauen in der Lage war. Die Dinger gingen weg wie warme Semmeln. Es dauerte nicht lange, da schossen die ersten Konkurrenzunternehmen aus dem Boden.

Neue Designs: Trailmaster und ProCruiser

Die Familie der Koski-Brüder Don, Erik und Dave besaß bei Fairfax ein Fahrrad- und Spielwarengeschäft. Als die Jungs alt genug waren, krempelten sie den Laden in einen richtigen Bikeshop um. Im „Cove Bike Shop" deckten sich die Clunker-Piloten mit Ersatzteilen ein. Jetzt nahmen die Koskis auch die Bestellungen für die nächste Produktion Breezer Bikes entge-

BIKE-PRODUKTION
Vom Clunker zum Mountainbike

Jahr	Clunker mit Kettenschaltung	Mountainbikes
1973	3 (Cupertino)	0
1974	3 (Cupertino)	0
1975	5 (Marin)	0
1976	15 (Marin)	0
1977	25 (Marin)	2
1978	30 (Marin)	9
1979	-	200
1980	-	300
1981	-	2000
1982	-	5000
1982	-	100 000

Quelle: Frank J. Berto, Paper for the 8th International Cycle History Conference, Glasgow, Scotland, 1997

Gemeinschaftswerk: Der Trailmaster, gebaut von den Brüdern Don, Dave und Erik Koski.

Ab in die Berge: Mit den ersten Custom-Rahmen machten selbst Touren mit knackig steilen Anstiegen immer mehr Spaß.

gen. Als sie sahen, welchen Erfolg Joe damit hatte, machten sie sich 1979 an ihr eigenes Rahmendesign. Die Brüder nannten ihre Konstruktion Trailmaster. Motorradlegende Mert Lawwill schweißte die Rahmen in seiner Werkstatt. Eine Zeit lang blieb der Trailmaster die einzig echte Alternative zum Breezer – bis sich die Koskis und Lawwill trennten. Lawwill brachte darauf den Trailmaster unter dem Namen „ProCruiser" an den Mann. Die Koskis behielten den Namen und änderten dafür das Design des Trailmasters komplett.

Der ProCruiser trug die klare Handschrift eines Motorrad-Konstrukteurs; er errang den zweifelhaften Ruf des Bikes mit der schlechtesten Steigfähigkeit. Der überarbeitete Trailmaster litt etwas an Übergewicht, blieb dafür aber völlig unzerstörbar. Einziger Haken: die Wartefrist von einem Jahr. Dabei wuchs die Liste derer, die lieber gestern als heute ihren Clunker gegen ein Custom-Made-Bike eingetauscht hätten. Unterm Strich verkaufte Lawwill mehrere Hundert ProCuiser.

„Die ersten handgeschweißten Bikerahmen gingen weg wie warme Semmeln."

Gary Fisher fehlte die Geduld, so lange zu warten. Also nahm er die Sache selbst in die Hand und erkundigte sich bei einer Reihe namhafter Rahmenbauer aus der Rennradszene, darunter Tom Ritchey, Jeffrey Richman und Albert Eisentraut. Ritchey hatte sich inzwischen mit dem Breezer-Design beschäftigt. Mit Joe hatte er bereits über dessen Konstruktion gefachsimpelt. So standen im Frühjahr 1979 Ritcheys erste Rahmen für den Geländeeinsatz bereit: einer für ihn selbst, einer für Gary und einer für einen seiner Freunde. Für die Rahmengeometrie übernahm er exakt die Werte des Schwinn Excelsiors, auf die auch Joe gesetzt hatte. Allerdings unterschied sich Ritcheys Rahmendesign von den Breeze-Konstruktionen. Ritchey knüpfte mit seiner Geometrie an den traditionellen Rennrad-Diamantrahmen an. Als auch Jeff Richman zwei Rahmen präsentierte, hatte Gary keine Mühe, Käufer dafür zu finden.

Im Spätsommer 1979 klingelte bei Gary Fisher das Telefon. Am anderen Ende der Leitung meldete sich Tom Ritchey. „Ich habe da ein kleines Problem", rückte er heraus. Auf eigene Faust hatte er neun weitere Rahmen gebaut, aber in seiner Gegend war es ihm einfach nicht gelungen, Käufer für solch seltsame Geländebikes zu gewinnen.

SCHWIERIGE NAMENSSUCHE

Mountainbikes – ein Name wird zum Konzept

Mountainbikes hießen nicht schon immer so. Lange Zeit gab es keine einheitliche Bezeichnung für den neuen Geländerad-Typ. Ihren heutigen Namen haben die Bikes einem etwas schludrig arbeitenden Anwalt zu verdanken.

„Mountain Bikes – unser Firmenname war frei erfunden", erinnert sich Gary Fisher, zusammen mit Charles Kelly Gründer des ersten Unternehmens, das von Produktion und Verkauf der Offroadräder mit dicken Reifen und Gangschaltung lebte. Der neue Name wurde bald Programm. In Zukunft sollte er für eine ganze Gattung Bikes stehen, die Spaß machte wie kein anderer Fahrradtyp zuvor. Dabei diente ein unglücklicher Zufall als Auslöser.

Gary Fisher erzählt von den mißglückten Versuchen, den Namen schützen zu lassen: „Mountain bikes, das hörte sich stark an. Wir wollten den Namen als Warenzeichen eintragen lassen, aber das ging schief. Wir waren an einen Anwalt geraten, der in diesem Geschäft genauso grün war wie wir. Anstatt einer genauen technischen Darstellung schrieb er lapidar: Ein Rad, das in den Bergen gefahren wird. Der Warenzeichenprüfer wies die Bezeichnung zurück. Sie wäre viel zu ungenau, entschied er. Der Begriff Mountain bike hätte sich sicher nie zum Gattungsnamen entwickelt, hätten wir ihn damals erfolgreich schützen lassen."

Ein anderer Versuch, dem neuen Geländeradtyp einen passenden Namen aufzupresssen, konnte sich gegen die Bezeichnung „Mountainbike" nicht durchsetzen. 1981 hatte das amerikanische Radsport-Magazin „Bicycling" einen Leserwettbewerb veranstaltet. Die Wahl viel auf den Namen „All Terrain Bike" (ATB). Doch keiner konnte sich mit dieser Bezeichnung so richtig anfreunden. „Mountainbike" setzte sich immer mehr durch.

Ein Kofferraum voll Rahmen – die erste Bikefirma

Ein paar Tage später traf Charles Kelly Gary Fisher, als er mit seinem Wagen vor seinem Häuschen vorfuhr. „Er öffnete gerade den Kofferraum seines Wagens. Da lagen doch tatsächlich neun nagelneue Bikerahmen." „Tom möchte, daß ich sie für ihn verkaufe. Hilfst Du mir dabei?" blickte Gary Charles fragend an. „Ein hartes Stück Arbeit", schoß es Kelly durch den Kopf. „Schließlich würde jedes einzelne Bike über 1000 Dollar kosten. Und der Markt war sehr begrenzt, so schien es mir jedenfalls. Ich weiß nicht mehr genau, was mich damals geritten hat. Vielleicht lag es daran, daß ich meinen Job als Roadie einer Rockband gerade aufgegeben hatte. Jedenfalls schlug ich ein, als mir Gary die Hand hinhielt." Die beiden kratzten ihr mickriges Vermögen zusammen. Dann marschierten sie mit ein paar hundert Dollar gemeinsam zur Bank, um ein Geschäftskonto zu eröffnen.

Alles, was jetzt noch fehlte, war ein Name für die neue Firma. „Für diese mit Liebe in feinster Handarbeit gefertigten Bikes mit ihren brandneuen Komponenten paßte der Name Clunker einfach nicht mehr", fand Kelly. Für die Schrottbikes war die Uhr nun abgelaufen. „Also entschieden wir uns für eine neue Wortschöpfung: ‚Mountain Bikes' nannten wir unsere Firma, das war´s. Unser Büro richteten wir in Garys Wohnzimmer ein."

1980 starteten zwei weitere Rahmenbauer ihr Business. Jeff Lindsay baute sein Mountain Goat und Victor Vincente of America ein Bike namens Topanga mit 20-Zoll BMX-Rädern. Und auch die Cook Brothers waren in den Wettbewerb um die beste Konstruktion eingestiegen. Das Geschäft mit den Bikes begann allmählich zu blühen. 1979 wurden bereits an die 200 handgefertigte Mountainbikes verkauft, darunter 40 Ritchey-Rahmen und etwa 75 Mert Lawwill ProCruiser. 1980 erreichten Fisher und Kelly mit 150 verkauften Exemplaren einen Marktanteil von rund 50 Prozent.

Aushängeschild: Die Visitenkarte der ersten Bikefirma von Gary Fisher und Charles Kelly.

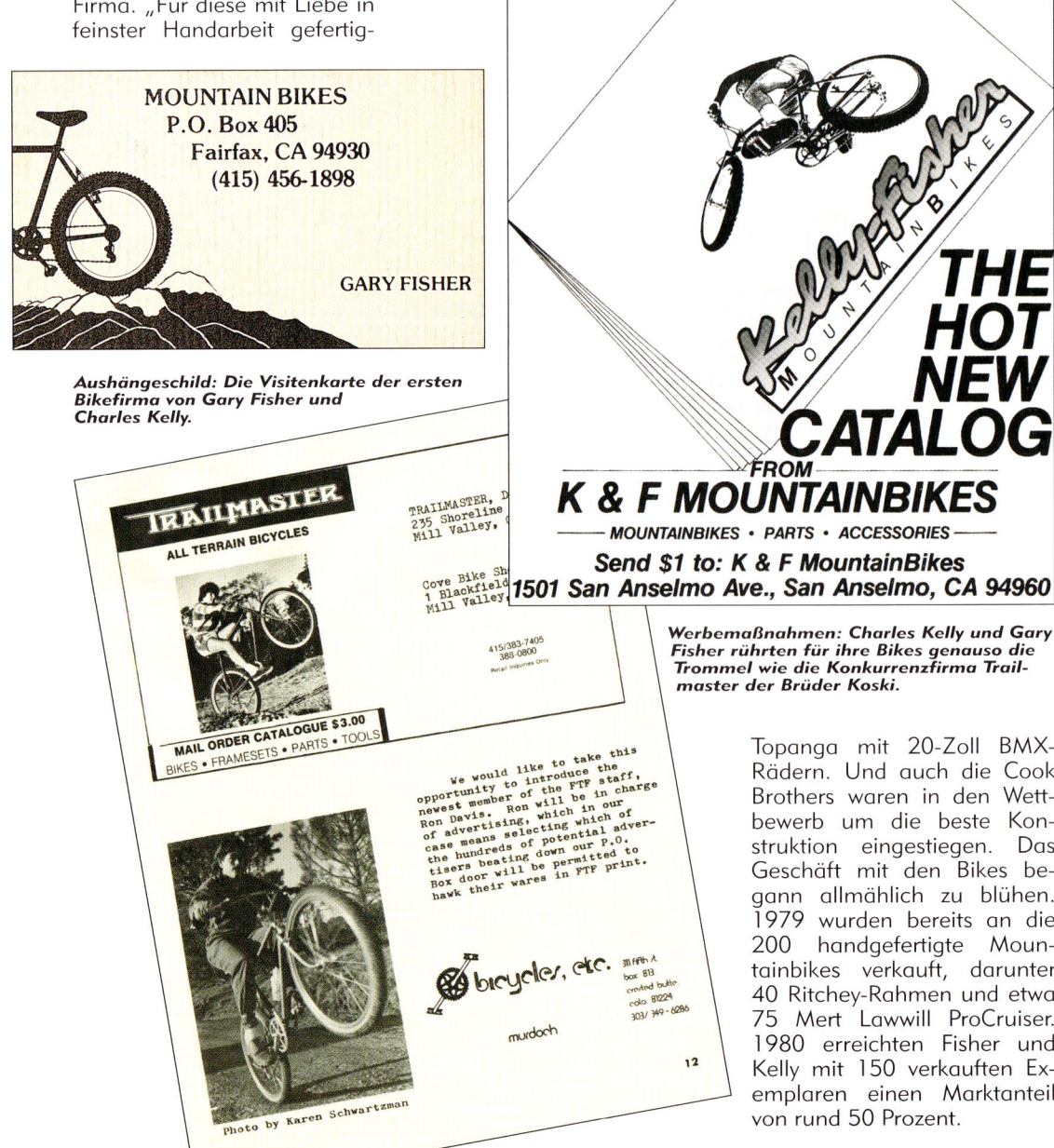

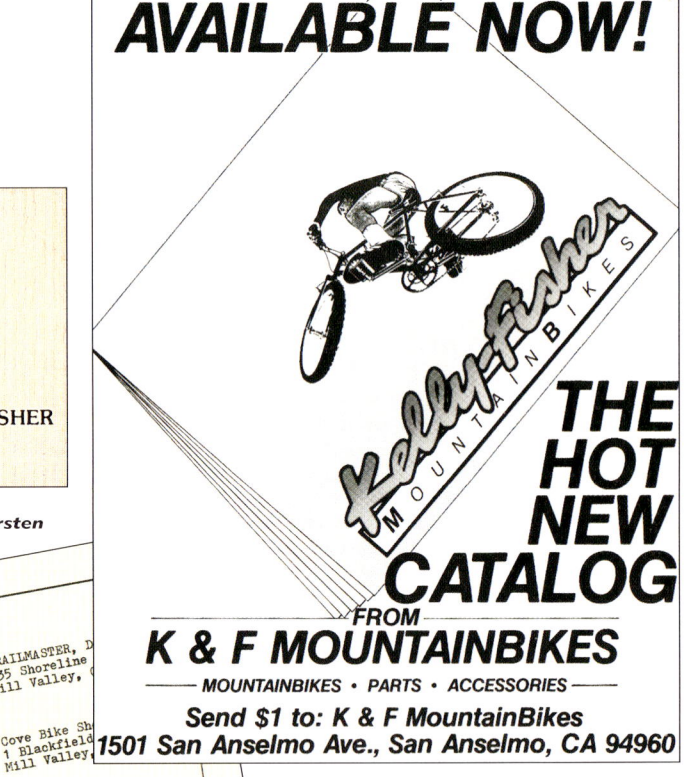

Werbemaßnahmen: Charles Kelly und Gary Fisher rührten für ihre Bikes genauso die Trommel wie die Konkurrenzfirma Trailmaster der Brüder Koski.

BIKEKONSTRUKTEUR TOM RITCHEY
Der Stahl-Klassiker

Der Mann ist wie seine edlen Stahlbikes: konservativ, schlicht und doch voll neuer Ideen. Bikekonstrukteur Tom Ritchey hat sich den Ruf einer lebenden Legende durch Leidenschaft verdient.

Im Jahr 1979 konstruierte Tom Ritchey für Gary Fisher die ersten Mountainbikerahmen in Kleinserie und darf sich deshalb ebenfalls als einer der Urväter des Bikesports rühmen. Doch bescheiden winkt er ab. Entscheidend

Tüftler: In seiner Werkstatt bastelt Tom Ritchey ständig an neuen Komponenten.

sei doch vielmehr, warum das Mountainbike auf einer so mächtigen Erfolgswelle rolle. Und auch dafür hat Tom seine ganz persönliche Erklärung. „Schon als Jugendlicher stand das Bike für mich als Synonym für Freiheit, ein Stück Unabhängigkeit von Ma und Dad, als Synonym für Abenteuer, wenn ich ein wenig in der Gegend herumstreunen wollte."
Mit 15 schweißte Ritchey sein erstes Set Rohre zusammen. Mit 18 hatte er sich in den Staaten bereits einen Namen als Racer und Rahmenbauer in der Rennradszene gemacht. „Als mir Joe Breeze 1977 seinen ersten Mountainbikerahmen zeigte, ließ mich die Idee eines stabilen Geländebikes nicht mehr los." Zu den Rahmen kam die Liebe zum Detail. „Ich konnte meine eigenen Biketeile bauen, leichte Sattelstützen zum Beispiel. Das faszinierte mich. Die Möglichkeiten zum Experimentieren waren enorm", erinnert sich Ritchey. „Jeder kratzte sich am Kopf, wo man geeignete Parts für Mountainbikes herkriegen könnte. Kein Problem, sagte ich, hier sind sie. Ich hatte ja zuvor bereits Lenker, Bremsen und Sattelstützen für Rennräder gebaut."
Für die erste Bikefirma mit Fisher und Kelly produzierte Tom unter dem Namen „Mountain Bikes", lediglich

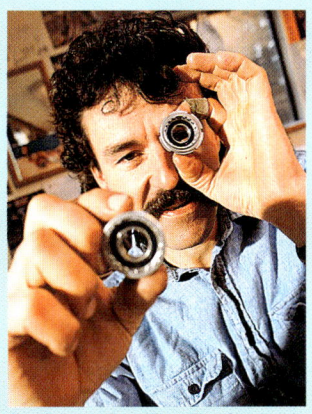

Perfektionist: Tom Ritchey.

der kleingedruckte Zusatz „by Ritchey" wies ihn als den Macher am Schweißgerät aus. Erst nachdem das Geschäftstrio 1982 krachend auseinandergebrochen war, firmierte Ritchey unter seinem Familiennamen.
Um wieder auf die Beine zu kommen, blieb ihm nichts anderes übrig, als 1982 alleine die Ärmel hochzukrempeln. „Ich entschied mich, auf hochwertige Rahmen und Komponenten zu setzen." Die Rechnung ging auf. Mehr und mehr Bike- und Teilehersteller aus aller Welt interessierten sich für Parts made by Ritchey. Heute zählt er gerade im Bereich der Bike-Komponenten zu den renommierten Herstellern. Viele der führenden Bikeproduzenten statten ihre Bikes mit Ritchey-Teilen aus.

Wild West Races – die ersten Cross Country-Abenteuer

Die Ursprünge der Cross Country-Rennen liegen im Wilden Westen. Die ersten Races waren geprägt von skurrilen Bike-Abenteuern in den Rocky Mountains und einem kauzigen Rennorganisator aus der Nähe von Los Angeles.

Ein Artikel in der amerikanischen Zeitschrift „CoEvolution Quarterly" hatte Charles Kelly, den Bikepionier aus Marin County, heiß gemacht: Da berichtete Autor Richard Nilsen doch tatsächlich von einer Meute von Clunker-Piloten im Herzen der Rocky Mountains. Bereits 1976 sollten dort einige Jungs mit alten Cruiser-Bikes innerhalb von zwei Tagen bergige 40 Meilen-Trips zurückgelegt haben – den 4000 Meter hohen Pearl Pass inklusive. Kelly zögerte nicht lange. Ein kurzer Telefonanruf, schon war der große Clunker-Contest abgemacht. Schnell hatte er eine Handvoll Freunde aus seiner Biker-Clique zusammengetrommelt und für sein Vorhaben gewonnen. An einem Spätsommertag im Jahre 1978 setzte er sich dann mit Joe Breeze, Wende Cragg und Michael Castelli voller Ungeduld ins Auto. Der Motor heulte auf. Noch 1000 Meilen bis Crested Butte in Colorado.

„Wir waren ganz schön überrascht. Da hatten wir doch tatsächlich Leute aufgestöbert, die ganz ähnliche Bikes benutzten wie wir. Und das in einem der hintersten Winkel der Rockies", erinnert sich Charles Kelly. „Keiner von uns aus Marin County war je zuvor nach Crested Butte gekommen. Ein Blick auf die Landkarte zeigte uns, wieso. In über 2500 Meter Höhe liegt das Örtchen fern aller größeren Highways. Wer sich in Crested Butte wiederfand, mußte also einen ganz besonderen Grund dafür haben".

Staunen an der Bar

„Wow", die Besucher von der Westküste waren absolut überwältigt, als sie am Ziel eintrafen. Gary Fisher, der sich etwas später von der Ost-

Wie geschaffen für Biketouren: Die Gegend um Crested Butte.

küste einfliegen ließ, ging es nicht anders: Charlie (Kelly) hatte von dem Bikeride gelesen. Also griff er zum Telefon und wählte die Nummer des Grubstake Saloons in Crested Butte. Der Barkeeper war völlig durcheinander, als Charlie nach einem Bike-Rennen fragte. Er legte seine Hand auf die Sprechmuschel und rief in den Saloon: „Ey, hier ist ´n Typ aus Kalifornien dran, der will mit seiner Gang rüberkommen und mit uns über den Pearl Pass nach Aspen biken. Sollen wir die die Herausforderung annehmen?" Kurzes Schweigen. Dann hörte Charlie durchs Telefon wilde Rufe: „Hell, yeah!" und „Let´s do it." „Klar", tönte die Stimme am anderen Ende der Leitung, „kommt rüber zu uns nach Crested Butte."

Unmittelbar danach klingelte bei mir das Telefon. Es war Charlie, der mir von seinem tollen Plan erzählte. Es fiel ihm nicht schwer, mich zu überreden, erinnert sich Gary Fisher heute. Dieses abgelegene Nest Crested Butte war umgeben von majestätischen Bergriesen. Dazu verbreitete das Dorf mit seinen Holzhäuschen und den staubigen Straßen immer noch den Charme einer Westernstadt Ende des 19. Jahrhunderts. Wie nicht anders zu erwarten, stieß die kalifornische Clique auf die Bike-Locals im „Grubstake Saloon" – einer Bar mit einem Namen wie aus einem Western-Movie. Die Mienen der Männer an den Biertischen spiegelten ungläubiges Staunen wider. „Hell", nun waren die Boys also tatsächlich nach Crested Butte hoch gekommen und hatten mit Wende Cragg sogar noch ein Girl dabei.

„Wir trafen die Bike-Locals im Grubstake Saloon – eine Szene wie aus einem Western-Movie."

Charles Kelly

Schnell erkannten die Gäste, daß Crested Butte eine Art kleine Bike-City war. Aufgrund der kurzen Wege fuhren fast alle Bürger sogenannte Town Bikes: Räder ohne Schaltung und mit Ballon-Reifen, fast wie die ersten Downhill-Clunker am Mount Tamalpais. Gegenüber den Bikes, die Kelly und Konsorten in ihrem Truck mitgebracht hatten, wirkten diese Räder mit hochgezogenem Lenker und ohne Vorderbremse aber mittlerweile antiquiert. Drei aus der Kalifornien-Clique waren mit Breezer Bikes angereist, den einzig echten Mountainbikes damals weit und breit. Aber auch Mike und Gary sorgten bei den Bikern aus den Bergen mit ihren aufgemotzten Clunkern für glänzende Augen: Trommelbremsen vorne und hinten, Schnellspanner, Gangschaltung, Motorrad-Lenker, -Bremshebel und Daumenschalthebel – so etwas hatte man hier noch nicht gesehen.

„Diesen Angebern zeigen wir´s"

Als das neugierige Grüppchen aus der Nähe von San Francisco auf das Rennen zu sprechen kam, begann Duane Reading eine launige Story zu erzählen:
Duane gehörte zu einem Dutzend Männer, die zwei Jahre vorher die Pearl Pass-Tour erstmals per Rad bewältigt hatten. Begonnen hatte alles damit, daß einer der Locals eine Wagenladung alter Räder vom Schrottplatz angekarrt hatte. Überhaupt war Crested Butte damals alles andere als ein vornehmes Freizeitdorado. Den Sommer über arbeiteten die Männer hart, die meisten als Feuerwehrleute, um Waldbrände zu bekämpfen. Mit den Snobs aus dem 65 Kilometer entfernten Nachbarort Aspen hatten diese Jungs ganz und gar nichts am Hut. Es roch in dem Nobel-Skiort einfach zu sehr nach Hollywood und Broadway. Welch eine Dreistigkeit, als im Sommer 1976 plötzlich eine Motorrad-Clique aus Aspen in der Westernstadt aufkreuzte und mit lautem Röhren auf den Grubstake Saloon zusteuerte. Voller Skepsis steckten die Männer an der Bar die Köpfe zusammen. Welche Sorte Leute denn neuerdings in die Stadt käme, murmelten sie.
Einer der Locals soll dann vorgeschlagen haben, nach Aspen hinüber zu biken und mit den Town Bikes genauso lässig wie diese Angeber mit ihren knatternden Maschinen vor der Nobelbar des Jerome Hotels vorzufahren. Der einzige Dämpfer auf die Hurra-Rufe bildete der Pearl Pass – etwa 4000 Meter hoch. Doch nach dem kräftezehrenden Anstieg

Ready for the Ride: Startaufstellung vor dem Grubstake Saloon.

und einer Nacht im Zelt am Pearl Pass waren die Biker aus Crested Butte dann tatsächlich triumphierend durch Aspens Straßen gerollt. Nun war die Welt wieder in Ordnung. Endlich wußte Aspen, wo die echten Männer zuhause sind.

Hätte nicht eine Handvoll Biker aus Kalifornien so reges Interesse an dieser skurrilen Radtour bekundet, wäre diese Bergtour per Bike womöglich schon bald wieder in Vergessenheit geraten. "Noch heute frage ich mich manchmal, ob das Rennen von Crested Butte nach Aspen ohne uns Fremde je den legendären Ruf errungen hätte, den es heute besitzt", überlegt Charles Kelly. Und dann war da noch die Frau im Team der Kalifornier. Sie entfachte den Ehrgeiz der Bergbewohner von Crested Butte. Wende Cragg sollte als erstes weibliches Wesen den Pearl Pass per Bike bezwingen? Plötzlich war jeder damit beschäftigt, sein Bike auf Vordermann zu bringen. "Get ready for the ride", lautete jetzt die Devise.

Der kleine Unterschied

Soweit war es allerdings noch längst nicht. Drei Tage lang schraubten, bastelten und flickten Joe, Gary und Charles an den Bikes ihrer Mitstreiter. Dann konnte es endlich losgehen. Letztendlich sollte das Kräftemessen über den Paß eher einer gemütlichen Tour gleichen, als einem harten Wettkampf, doch eine gewisse Portion Konkurrenzdenken war für Gary Fisher schon dabei: "Im Gegensatz zu den Leuten aus Crested Butte nahmen wir die Sache wirklich ernst. Wir waren fit, durch und durch trainiert. Es war kurios, verrückt, zum Schreien." Die Unterschiede zwischen den fünf Kaliforniern und den acht Bike-Locals zeichneten sich bald ebenso klar ab wie die Bergspitzen am sonnigen Morgenhimmel. Die Locals hatten noch verdächtig lange im Grubstake Saloon ausgehalten. Vielleicht um Pläne zu schmieden, vielleicht auch nicht. Jedenfalls hatte das „Training" an der Bar Spuren hinterlassen, die nach dem Start ganz offensichtlich zu Tage treten sollten. Schon nach acht Kilometern verlangte der Anführer der Crested Butte Clique eine Pause. Bei seinen Mannen machten sich nun verstärkt Ausfallserscheinungen bemerkbar. Zudem forderte das hohe Renntempo der Herausforderer seinen Tribut. Bob Starr, einer der Locals, verschwand eilig in die Büsche, um sein halbverdautes Frühstück zu inspizieren. Sobald er o. k. war, saß die Karawane wieder auf.
Ein Stück weiter stoppte ein Platten die Gruppe. Joe Breeze zog rasch Werkzeug und Ersatzschlauch hervor. Die Gastgeber staunten nicht schlecht über seinen Mechaniker-Zauber. Nach der Tour war darüber in der Lokalzeitung folgende Passage zu lesen: „Die Californian

Basislager: Lagerfeuerromantik beim Rennen.

Einige der Teilnehmer kämpften bald mit Konditionsproblemen.

Der Ritt über die Rockies sorgte für Schlagzeilen in der Lokalzeitung.

dern bauten die Kalifornier das Laufrad aus, ersetzten den Schlauch, zogen die Speichen nach, spannten die Kette und hatten Archies Bike in gerade mal 35 Sekunden wieder rennfertig auf der Straße."

Nach rund 30 Kilometern schlugen die Abenteurer im Cumberland Basin ihr Zeltcamp auf. Die letzten erreichten erst am späten Nachmittag schiebend das Lager. Zum Dinner gab es über dem Lagerfeuer gegrillte Steaks. Hinterher machten eine Flasche mit schrecklichem Pfefferminzschnaps und legendäre Stories vom ersten Rennen die Runde. Von einem Typen namens „Richard the Rat" erzählten die Einheimischen, er hätte sich kurz vor dem Pearl Pass Ride das Bein gebrochen. Er war seinen Kumpels in einer ausgepolsterten Badewanne auf einem Jeep gefolgt. „Wir waren alle geradezu schockiert, als wir hörten, daß viele der Biker damals mit Trucks die Paßhöhe hochgefahren waren", erinnert sich Charles Kelly seiner Entrüstung über die wenig sportlichen Tricks.

Stolz wie bei der Landung auf dem Mond: Die Bikerclique auf dem Pearl Pass.

Die letzten 500 Höhenmeter bergauf am nächsten Morgen hatten es nochmals in sich. „Der Weg war ziemlich steil, und die Größe der Felsenbrocken lag zwischen der eines Fußballs und der eines Autos", beschreibt Kelly die Strapazen. So dauerte es einige Stunden, ehe alle zusammen auf der Paßhöhe standen. „Wir müssen mit

Straßenfete: Am Ziel vor dem Hotel Jerome in Aspen stießen die Biker erstmal mit einem kräftigen Schluck auf die soeben bestandenen Fahrradabenteuer an.

Boys traten blitzschnell in Aktion; mit jahrelanger Erfahrung ausgewählte Werkzeuge glitzerten in der Sonne. Ohne Zau-

Startaufstellung zum ersten Cross Country-Rennen in Marin County 1977. Von links: Fred Wolf, Wende Cragg, Mark Lindlow, Robert Stewart, Chris Lang, Jim Preston, Ian Stewart, Charles Kelly, Gary Fisher, Joe Breeze, Eric Fletcher, Craig Mitchell, John Drum, Roy Rivers, Alan Bonds, Unbekannter.

unseren Bikes in der dünnen Höhenluft ein ziemlich sensationelles Bild abgegeben haben. Jedenfalls fielen den Fahrern von zwei Geländewagen fast die Augen aus dem Kopf, als wir zum Erinnerungsfoto Aufstellung nahmen".

Preßlufthammer-Downhill

Nach anderthalb Tagen schweißtreibender Schinderei war nun jeder reif für die Belohnung – 30 Kilometer Downhill hinab nach Aspen. Bob Starr erklärte noch kurz, daß dies eine Tour und kein Rennen sei. Jeder sah sich um, nickte zustimmend und versuchte eiligst, sein Bike auf dem schmalen Weg in eine möglichst günstige Startposition zu bringen. „Hiermit erkläre ich die Straße nach Aspen für eröffnet", schrie Bob. Gejohle erfüllte die stille Bergluft, und jeder der vermeintlichen Tourenbiker versuchte, seinen Mitfahrern davonzujagen. Das erste Drittel der Abfahrt glich – ohne Federungs- und Dämpfungssysteme – einer halben Stunde Arbeit mit dem Preßlufthammer. Zwei Kilometer vor Aspen steckten sich die Downhiller Ballons zwischen die Speichen, die beim Fahren schrecklich knatterten – eine Hommage an die Motorrad-Gang, die zwei Jahre zuvor durch Crested Butte gelärmt war und die Biker zu diesem Abenteuer inspiriert hatte. In der noblen Bar sorgten die wilden Radler mit ihrer schlammigen Erscheinung für reichlich Amüsement. In ausgelassener Stimmung stieß man auf das bestandene Abenteuer an.

Die nächsten Jahre sollte der legendäre Ruf von „Crested Butte to Aspen" weiter steigen. 1979 kamen 30 Fahrer (zehn aus Marin), 1980 waren es schon 90 (30 aus Marin). Innerhalb weniger Jahre stieg die Zahl der Teilnehmer auf etwa 300. Das Ereignis wuchs und wuchs. Und bald wurde die Pearl Pass-Tour durch ein einwöchiges Festival bereichert – die „Fat Tire Bike Week", das erste Bike-Festival weltweit.

Auch Gary Fisher sieht in seiner ersten Reise nach Crested Butte einen Meilenstein in der Geschichte des Mountainbikes: „Bei allem Ulk, unser Ausflug in die Rockies brachte ernsthaft was in Bewegung. ´Mann, das macht ja echt Sinn´, erkannten die Biker in Crested Butte, als sie unsere Räder inspizierten. Und im nächsten Jahr sah man Bikes wie die unsrigen schon an fast jeder Straßenecke. Ein weiteres Jahr später hatten sich auch die Fahrer zu echten Athleten entwickelt. Der Bikevirus hatte Crested Butte erfaßt. Das Dorf wuchs zu einem richtigen Zentrum für Biker. 1982 fand dort das erste offizielle Rennen statt."

Neuer Trend: Cross Country-Rennen

Der Ausflug in die Berge von Crested Butte hatte die Bike-Gang animiert, künftig in Marin

Doch Hilfe nahte in Gestalt von John Finley Scott und eines großen Londoner Doppeldeckerbusses. Der unglaublich fahrradbegeisterte Universitätsprofessor hatte als Student bereits in den fünfziger Jahren Bikes kreiert, die stark an moderne Mountainbikes erinnerten. Als Vorsitzender seines Radclubs hatte er den Bus erstanden und für Tourenfahrten umgebaut. Das Unterdeck bot Platz für bis zu 20 Bikes.

Auf dem Oberdeck konnte man auf den Bussitzen und Matratzen bequem relaxen. Den Motor hatte er durch eine PS-starke Truck-Maschine ersetzt. So konnte der Bus auch die steilsten Gebirgspässe mühelos erklimmen. „Eine bessere Mitfahrgelegenheit hätten wir uns nicht erträumen können", dankt Kelly dem Förderer.

Als die Abordnung aus Marin County in diesem Bikemobil

neben dem Repack Downhill auch Cross Country-Rennen auszutragen. Über ein Jahr später dehnte sich der kleine Rennzirkus auch nach Südkalifornien aus. „Unser Ziel war das ´Reseda to the Sea´ Race nahe Los Angeles", kramt Charles Kelly in seinen Erinnerungen. „Unser Problem war nicht das Durchkommen im Rennen, sondern erst einmal dort hinzukommen."

Extrem anstrengend: Charles Kelly beim Cross Country-Rennen.

Mit dem Bikemobil zum Rennen: John Finley Scotts Doppeldeckerbus.

zu einem weiteren Abenteuer gen Süden brauste, gab es nichts, was sie auf den Rennorganisator namens Victor Vincente of America vorbereitet hätte. Und glücklicherweise auch nichts, was den auf die neuen Racer vorbereitet hätte. Die Jungs aus dem Süden waren platt vor Staunen, als sie die Clique aus dem motorisierten Ungetüm steigen sahen, aus dem die Jungs mehr Custom-Made-Bikes zerrten, als irgendeiner je zuvor gesehen hatte.

Die Gäste wiederum waren verblüfft von Victor Vincentes Erscheinung – ein Mann mit Energie wie ein Kraftwerk, mit wallendem Bart und selbst designten Klamotten.

Schinderei: Auf steilen Anstiegen ging´s zur Sache.

Der ganz normale Wahnsinn

35 Fahrer traten zur Wettfahrt an. Im Gegensatz zu den ersten handgeschweißten Geländebikes aus Marin versuchten die Boys aus L.A. ihr Glück mit einem kunterbunten Mix aus Querfeldein-Bikes, Straßenrennern oder Victors selbstgebauten Topanga Bikes. „Zuhause in Marin hatten wir uns mittlerweile an organisierte Startabläufe gewöhnt. Doch davon fehlte hier jede Spur", lacht Charles Kelly noch heute.

> „Von Organisation fehlte jede Spur. Victor schwang sich auf sein Bike und wir hetzten hinterher."
>
> **Charles Kelly**

„Victor ließ uns an der Abzweigung einer vielbefahrenen Straße versammeln. Seine Worte gingen fast im Getöse der vorbeisausenden Autos unter. So erfuhren wir die Regeln für den Wettkampf – es waren nicht viele – und die Informationen über die Strecke – da gab es ebenfalls nicht viele – nur in undeutlichen Wortfetzen." Keiner gab ein Startsignal. Stattdessen schwang sich Victor auf sein Bike und trat wie der Teufel in die Pedale. Schnurstracks hielt er auf die kleine Hügelkette zwischen Reseda und dem Strand von Santa Monica zu. Alle anderen Teilnehmer des Rennens taten ihr Möglichstes, schnell dem Verkehrschaos zu entfliehen und die Verfolgung Victors aufzunehmen. Autobremsen quietschten, als die Rennfahrer bei Rotlicht über die Ampelkreuzung hetzten. Kein Wunder, schließlich kam keiner der anderen Verkehrsteilnehmer auf die verrückte Idee, daß mitten in diesem Chaos ein Rennen im Gange sein könnte.

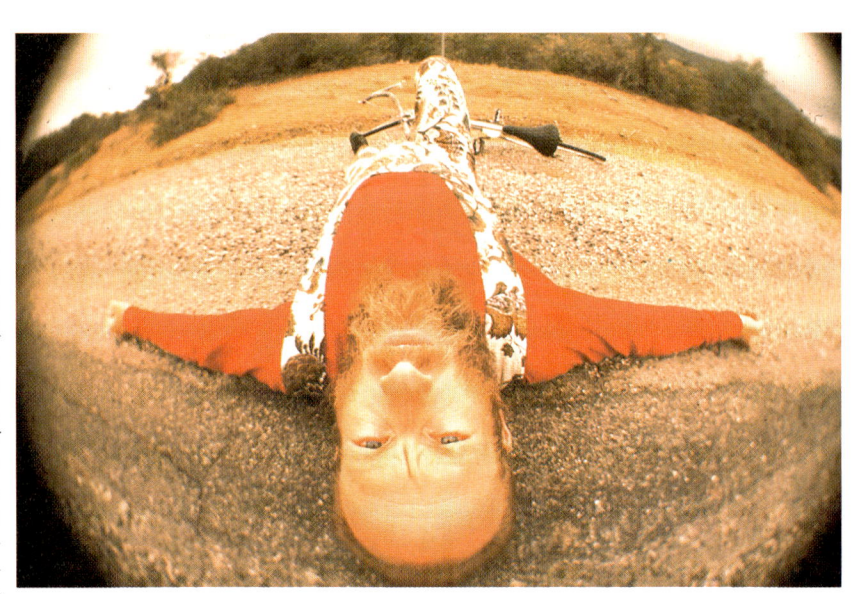

Der Soulman der Mountainbike-Szene: Rennorganisator Victor Vincente of America.

Gary Fishers historischer Sieg

Die Strecke war nur 20 Kilometer lang und etwa die Hälfte davon führte über befestigte Straßen. Ein klarer Vorteil für die Fahrer leichter Rennräder. Ron Skarin, ehemals amerikanischer Querfeldeinmeister, übernahm auf seinem Titanrenner vom Start weg die Führung. Am Scheitelpunkt der Strecke lag er immer noch vorne. Doch bergab bremste ihn schnell ein Plattfuß. Gary Fisher zog auf der groben Schotterpiste locker an ihm vorbei und hatte keine Mühe, die Führung bis ins Ziel weiter auszubauen. Skarin finishte als Zweiter.

Für Fisher war es mehr als nur irgendein erster Platz, es war ein Sieg von historischen Dimensionen. Das Querfeldein-Bike war zwar prinzipiell schneller, aber für rauhes Gelände nicht solide genug. „Möglicherweise war dies das erste Rennen in der Geschichte des Radsports, in dem ein wuchtiges Fat-Tire-Bike über ein leichtes Rennrad gesiegt hatte", meint Charles Kelly.

RENNORGANISATOR VICTOR VINCENTE

Crazy Grandpa

Victor Vincente of America – ein Typ, so verrückt wie sein Name. Die Geschichte des fast vergessenen kalifornischen Rennsport-Pioniers, der den Racern den Soul schenkte.

Auf den Thron des „Godfather of Mountainbiking Funk" hat ihn einst ein amerikanisches Bike-Magazin gehievt. Jene, die ihn selbst noch auf den Race-Trails erlebt haben, nennen ihn ehrfürchtig den „geistigen James Brown der Bikeszene". Victor Vincente of America – der siegreiche Bezwinger Amerikas. Wird man mit einem solchen Namen geboren? „Natürlich nicht", grinst der ehemalige Straßenrennfahrer mit silbergrauer Mähne und Rauschebart heute. Als noch kein Mensch an ein „Race Across America" dachte, nahm er den gesamten Kontinent unter die Räder. Von der Westküste zur Ostküste und retour. „Ich wollte als Sportler berühmt werden", blickt Michael, alias Victor, zurück. Also legte er sich für den Mammut-Marathon den passenden Namen zu. Doch das Comeback, von dem die ganze Welt sprechen sollte, ging viel zu heimlich, still und leise über die Bühne. „Auf halber Strecke gab ich dem Reporter eines bedeutungslosen Lokalblattes ein kurzes Interview. Das war´s."

Einen Namen machte sich Victor dafür in der Mountainbikeszene. Seine Races wie „Reseda to the Sea" oder der „Puerco Canyon Hillclimb and Downhill" glichen sportlichen Happenings. Weit über die Grenzen Südkaliforniens hinaus waren sie wegen ihrer lockeren Atmosphäre berühmt und für ihre bürokratielose Organisation berüchtigt. „Am Mount Wilson setzte ich einen Downhill mit Massenstart an. Nach etwa sieben Meilen raste der Führende auf zwei berittene Ranger zu, die gerade ihren obligatorischen Kontrollritt absolvierten." Eines der Pferde stand quer zum Weg, als der Downhiller um die Kurve schoß. Wie beim Bike-Limbo schlitterte er in halsbrecherischer Schräglage zwischen den Vorder- und Hinterhufen des Vierbeiners hindurch. Völlig entgeistert stoppten die Ranger die Meute der Verfolger. Victor sprang als Vermittler ein: „Nach zehn Minuten Diskussion hatte ich die Ranger vom Sinn unseres Treibens überzeugt. Wir setzten das Rennen fort."

Moderne, zuschauerfreundliche Kurse sind Victor ein Greuel. „Am meisten begeisterten mich Veran-

Ohne Reinheitsgebot: Victors Punk Beer.

Cross Country entwickelte sich zu einer packenden Disziplin.

staltungen wie das ‚Sespe Hot Springs Two Stage Dirt Road Race´, bei dem die Fahrer zwei Tagesetappen bewältigten und sogar eine komplette Campingausrüstung mitschleppten."

In Vincentes Garage gammeln noch einige Relikte aus „guten alten Renntagen". Verstaubte Bügelflaschen zum Beispiel, mit Totenkopf und der Aufschrift „Punk Beer" auf dem selbstgedruckten Etikett. Das Rezept der Mixtur könnte aus einer blubbernden Hexenküche stammen: Quellwasser, Hopfen, Malz, Blut, Schweiß und Pferdemist. „No jokes", versichert Victor, das seien tatsächlich die Zutaten gewesen. „Ich habe das Zeug früher selbst gebraut. Coole Preise für die Rennen waren das." Victors Vorliebe für Kuriositäten macht auch vor dem Speisezettel nicht Halt. Bei seinen Touren nahm er tote Opossums und Vögel von der Straße mit. „Die gibt´s in keinem Supermarkt."

NORBA – Bikeverband als Koordinationszentrale

Die Racer bekommen ein Zuhause. Die National Off-Road Bicycle Association (NORBA) brachte als erste Dachorganisation Ordnung in die US-Rennszene.

Als es 1979 die ersten Bikes zu kaufen gab, stieg auch die Zahl der Racer. Und ein Jahr später fanden in ganz Kalifornien Rennen statt. „Doch für die meisten von uns war ein Großteil der Rennen viel zu weit entfernt, um daran teilzunehmen", gibt Charles Kelly zu bedenken. „Trotzdem flakkerten Ende 1982 Diskussionen um die Austragung einer nationalen Mountainbike-Meisterschaft auf."
Daneben hatten die Rennveranstalter noch andere Anliegen. Dazu gehörten Versicherungsfragen im Falle eines Unfalls oder ein einheitliches Regelwerk. So setzte sich eine kleine Gruppe aus Rennfahrern und Veranstaltern im Januar 1983 zusammen, um einen Verband zu gründen. „Die ersten Treffen fanden bei mir zu Hause statt", fängt Charles Kelly an, die prominenten Gründungsmitglieder aufzuzählen. „Joe Breeze, Gary Fisher, Jacquie Phelan, Charlie Cunningham und Scot Nicol gehörten zu den zehn bis fünfzehn Leuten, die sich einige Monate lang regelmäßig trafen, um einen Verband aus der Taufe zu heben."
Schnell war ein passender Name gefunden: National Off-Road Bicycle Association, kurz NORBA, sollte das Kind heißen. Es „national" zu nennen, war schon reichlich gewagt, denn schließlich wohnten alle Gründungsmitglieder im Umkreis einer kurzen Autofahrt. Doch irgendeiner mußte schließlich den ersten Schritt tun.
Joe Breeze stellte seine grafischen Fähigkeiten zur Verfügung und präsentierte eine Auswahl von Logo-Entwürfen.

NORBA-Logo: Die Grafik von Joe Breeze ist bis heute das offizielle Erkennungszeichen des US-Bikeverbandes und auf vielen Siegestrophäen zu finden.

Freiheit: Die neuen Regeln sollten die Racer so wenig wie möglich einschränken.

Die Wahl fiel auf die noch heute aktuelle Darstellung. Als nächster Schritt stand an, ein Regelwerk auszuarbeiten. Charles Kelly und Tom Hillard, der später als Renndirektor bei „Specialized" fungierte, wurden damit beauftragt.

Reglement für „einen Haufen Gesetzloser"

„Als wir uns daran machten, die Regeln zu formulieren, gingen wir ganz bewußt auf Distanz zum Rennrad-Verband, in dessen Augen wir ohnehin nicht mehr als ein Haufen Gesetzloser waren", gibt Kelly die ersten grundsätzlichen Überlegungen wieder. „Mit unseren Regeln wollten wir den Sport in eine neue Richtung lenken."
Auf keinen Fall sollte unter den neuen Regeln die Experimentierfreudigkeit der Bikekonstrukteure leiden, schließlich war die junge Sportart gerade dadurch so weit gekommen. „So verzichteten wir in Materialfragen auf sämtliche Vorschriften", erklärt Kelly. Die Erfahrung hatte gezeigt, daß jeder Materialvorteil eines Fahrers schnell auch von den anderen aufgegriffen wurde, was die Entwicklung des Sportgerätes enorm beschleunigte.

fairen Wettkampf bezeichnen. Fahrer mit der Unterstützung eines großen Rennteams benutzten pro Rennen sechs bis sieben Räder und an die 15 Paar Laufräder. Die Masse aber mußte mit einem Bike und einem Satz Laufräder auskommen." Materialvorteile dieser Art sollte es beim Mountainbiken nach dem Willen der NORBA-Väter nicht die Bestimmung. Damit sollten auch Nicht-Profis immer eine reelle Chance haben, unter fairen Bedingungen mitzumischen.

Neben dem Rennsport kümmert sich die NORBA auch um die Biketrails.

> **„Die Regeln sollten auch Nicht-Profis eine faire Chance geben."**
>
> Charles Kelly

Diese Regel bildete eine der wenigen grundlegenden Abweichungen von den Wettkampfbestimmungen des traditionellen Radsports. Die Auswirkungen dieser simplen Änderung kann man nicht oft genug unterstreichen. „Ich bin fest davon überzeugt, daß diese ‚Non-Support'-Regel die Popularität von Mountainbike-Rennen und die Entwicklung der Bikes entscheidend beeinflußt hat", sagt Kelly. „Nur so konnte sich das Mountainbike zu dem entwickeln, was es heute ist."

Mann der ersten Stunde: Joe Breeze war NORBA-Gründungsmitglied.

Nächstes Ziel war es, den Mountainbike-Sport ganz klar von der Disziplin Querfeldein zu trennen. Und auch das sollte ohne Vorgabe einer bestimmten Reifengröße oder anderer technischer Details passieren. Charles Kelly war kurz zuvor bei den nationalen Querfeldein-Meisterschaften als Beobachter. Dabei war ihm etwas unangenehm aufgefallen: „Diese Rennen konnte man kaum als mehr geben. Die Lösung lag auf der Hand: Jeder Fahrer sollte mit nur einem Bike antreten dürfen. Pannen müßte der Fahrer in Zukunft ohne fremde Hilfe reparieren. Das Werkzeug dazu sollte er auf dem Kurs dabeihaben.
„Schließlich fahren wir auch unsere gewöhnlichen Touren nicht mit einem Stab von Technikern und Mechanikern im Rücken", rechtfertigte Kelly

---

NORBA-REGELN

Gleiche Chancen für alle

„Die Rennfahrer dürfen während der Veranstaltung nur ein Rad benutzen, das sie auch nur selbst (oder allenfalls mit Hilfe eines freundlich gesonnenen Mitradlers) reparieren dürfen. Das Abschrauben von Teilen an Rädern anderer Fahrer ist allerdings verboten ..."

Auszug aus dem ersten NORBA-Regelwerk

Welterfolg – Beginn der Massenproduktion

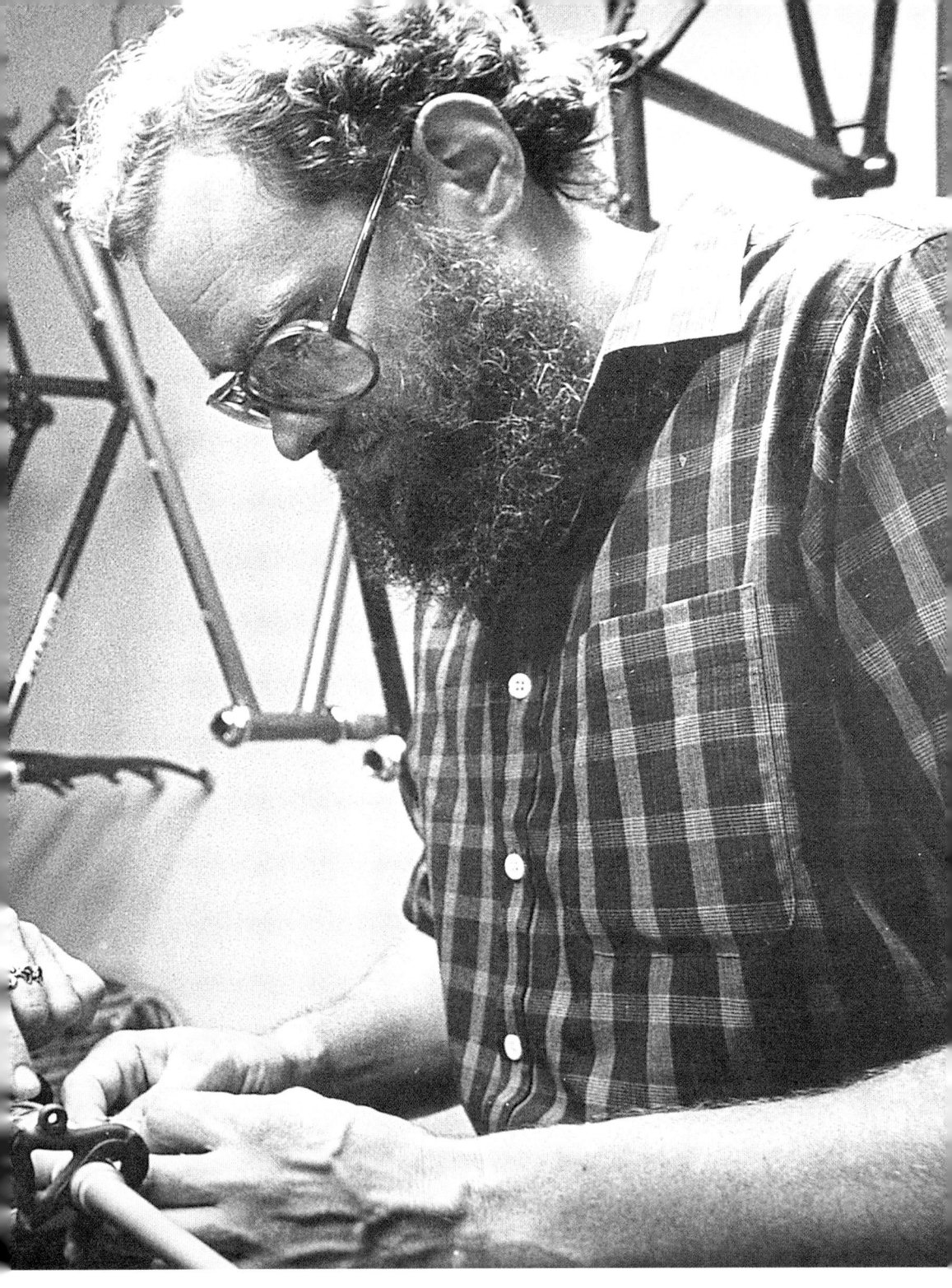

Leicht, stabil und erschwinglich – mit den ersten Mountainbikes aus japanischer Massenproduktion landete Specialized den absoluten Hit.

Das Jahr 1980 markiert in der Geschichte des Mountainbikes mehr als nur den Anfang eines neuen Jahrzehnts. Was damals in den Bikeschmieden Kaliforniens abging, läutete einen spektakulären Sprung in die Zukunft ein. Ausgeflippte Clunker-Piloten verwandelten sich in ehrgeizige Geschäftsleute. Bikes schweißte man nicht mehr nur in engen Garagenwerkstätten zusammen. Schiffe aus Japan und Taiwan sollten sie bald zu Tausenden um den Globus verteilen, um damit die Welt zu erobern. Charles Kelly erinnert sich an die Zeit der Wende: „Als Gary Fisher und ich im Spätsommer 1979 unsere Firma Mountain Bikes gründeten, hatten wir von Geschäftsführung und Buchhaltung so viel Ahnung wie der Finanzminister vom Downhill. Unser Motto: Augen zu und durch." Die beiden hofften einfach, daß das, was sie

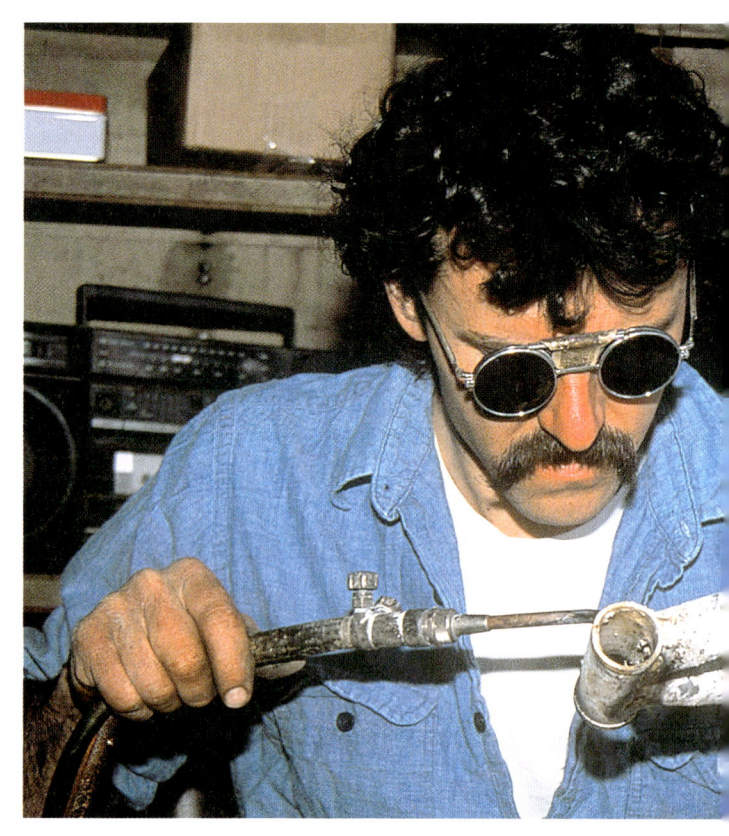

Die Kopie: Der erste Stumpjumper von Specialized glich dem Rahmen von Tom Ritchey aufs Haar.

über Geländebikes wußten, ihre mangelnden Geschäftskenntnisse kompensieren würde. „Worauf wir bauten, waren nur ein paar Rahmen und die Tatsache, daß uns Tom Ritchey mündlich zugesichert hatte, wir müßten sie erst bezahlen, wenn wir die Bikes verkauft hätten."

Tom lieferte die Rahmen ohne Komponenten. Die mußten sich Charles Kelly und Gary Fisher erst mühselig organisieren. Komplettgruppen für Mountainbikes gehörten damals noch ins Reich der Utopien. „Wir waren so knapp bei Kasse, daß wir uns kaum die Komponenten für ein einziges Bike leisten konnten, geschweige denn für alle neun Rahmen, die wir auf Lager hatten", beschreibt Charles Kelly die schwierigen Anfänge seiner Firma. Also zählten die beiden zusammen, was der Rahmen und die Komponenten kosteten, schlugen noch ein bißchen Profit drauf und errechneten einen Verkaufspreis von 1 300 Dollar für ein Komplettbike. Ein stolzer Preis, etwa doppelt soviel wie man damals für einen Straßenrenner hinlegen mußte.

Ohne Werbung, nur mit Mundpropaganda, stießen Kelly und Fisher tatsächlich auf Kunden. Sobald jemand an ihren Bikes Interesse zeigte, baten sie ihn um eine Vorauszahlung. Damit finanzierten sie die Komponenten. Viele dieser Teile mußten sie erst umrüsten. „Die Mafac Cantilever-Tandembremsen bearbeiteten wir mit Säge und Feile, ehe wir sie an die Bikes schraubten. Außerdem dauerte es oft Wochen, bis uns die nächste Lieferung mit Komponenten erreichte" – so bewiesen die Jungunternehmer Improvisationstalent. „Wir entwickelten uns zu Weltmeistern im Erfinden von Ausreden,

Mit Liebe geschweißt: Tom Ritchey landete bereits mit seinem ersten Bikerahmen einen Volltreffer.

Das Original: Der Ritchey-Rahmen, den der Edelschweißer für Gary Fishers und Charles Kellys Firma fertigte.

wenn Käufer ungeduldig nachfragten, wo denn das Bike bliebe. Unsere ersten Kunden besaßen wahrhaft ein göttliches Vertrauen in uns langhaarige Jungs, wenn sie uns blind eine solche Riesensumme in die Hand drückten."

blem", entschieden Kelly und Fisher. Schließlich wollten sie einen ihrer größten Geschäftspartner bei Laune halten. Ein folgenschwerer Entschluß, wie sich bald herausstellen sollte. „Ein Jahr später sahen wir das Bike wieder – in

zierte, Mert Lawwill mit seinem ProCruiser, die Koski Brüder mit ihrem Trailmaster, oder Victor Vincente mit seinem Topanga Bike hatten sie weniger als Konkurrenten denn als Freunde betrachtet, die eben auch Geländebikes bastelten.

Eine kleine Crew macht Dampf: Ein wichtiges Kriterium bei der Auswahl seiner Mitarbeiter war für Mike Sinyard schon immer die Begeisterung fürs Bike. Damit baute er eine der namhaftesten Bikefirmen auf.

Mitte 1980 lief die Firma „Mountain Bikes" schon recht ordentlich. Da klingelte eines Tages das Telefon. „Specialized hier", tönte es aus dem Hörer. Kelly erinnert sich noch genau: „Ob wir ihnen nicht vier Bikes zu einem Freundschaftspreis schicken könnten, fragte unser Reifenlieferant." Ein paar Angestellte wollten die Offroad-Teile gerne mal ausprobieren. „Kein Pro-

Form des ersten ‚Specialized Stumpjumpers'. Das erste Mountainbike aus Massenproduktion war praktisch eine identische Kopie des Ritchey Rahmens mit den gleichen Komponenten."
Bis dahin hatten Gary Fisher, Charles Kelly und ihr Rahmenbauer Tom Ritchey geglaubt, sie hätten den Markt im Griff. Joe Breeze, Jeff Lindsay, der Mountain Goat produ-

„Unsere Bikes waren immer noch die bekanntesten und Tom Ritchey als Rahmenbauer unumstritten die Nummer eins. Obwohl wir wußten, daß uns nun andere die Marktführerschaft streitig machen würden, störte uns die Massenproduktion wenig. Absatzprobleme hatten wir nämlich nach wie vor nicht", gibt Kelly die entspannte Konkurrenzsituation wider.

DIE ERSTE BIKEFIRMA
Improvisieren in der Bruchbude

Mit seinem Kumpel Charles Kelly gründete Gary Fisher im Jahr 1979 die erste Mountainbike-Firma. Er erinnert sich an eine Startphase voller technischer und finanzieller Improvisationen.

„Die Rahmen für meine ersten Bikes orderte ich bei Tom Ritchey, weil er der Schnellste war. Vier Wochen nach meiner Bestellung trafen die ersten drei Rahmen ein. Toms Geschäft mit den Straßenrahmen hatte ganz schön nachgelassen. Die Italiener hatten die Preise ordentlich gedrückt. Also suchte er nach neuen Absatzmärkten. Das war meine große Chance.

Ich fragte Tom darauf, ob er mir mehr Rahmen bauen könne. Im September 1979 begann ich dann mein Geschäft mit Charles Kelly. Wir ließen das Foto des ersten Bikes vervielfältigen. So starteten wir unsere erste Werbekampagne. Von den Leuten, die Rahmen bestellten, ließen wir uns Anzahlungen geben. Davon lebten wir. Meine Wohnung war gleichzeitig unser Büro. Die ersten Monate hausten wir in meiner Bude in Fairfax, 91 Mono Street. ´Eine scheußliche Bruchbude´, schimpfte meine Mutter. 120 Dollar machte ich monatlich dafür locker. Ein paar Monate später zog ich einige Blocks weiter mit Charles Kelly zusammen. Das Wohnzimmer diente uns als Zentrale. Als es aus den Nähten zu platzen drohte, mieteten wir ein Büro, ein Stück weiter die Straße lang. In Wirklichkeit war das nicht mehr als eine Garage. Unsere Verkaufszahlen zogen rasch an. 1980 stellten wir ungefähr 180 Räder zusammen. 1981 waren es etwa 500 und 1982 schon über 1000. Tom Ritchey lieferte uns die Rahmen unlackiert. Bremssockel und Kabelführungen löteten wir selbst an, bevor wir die Bikes zum Lackieren brachten. Ich stellte dafür ein paar Leute an. Anfangs hatten die von Löten und Schweißen absolut keine Ahnung. Das Ganze glich eher einer Lightshow. Außer uns experimentierten noch andere Tüftler an Custom made-Bikes, Dough White zum Beispiel. Er konstruierte ein Bike mit 15-Zoll-Mini-Laufrädern und schweißte als erster Barends an die Lenker. Die meisten lachten darüber. Auch Craig Mitchell baute viele Varianten. 24-Zoll-Räder vorne, hinten 20 Zoll; 26 vorne, 24 hinten. Für Charlie baute er dann ein 26, 26. Das entsprach schon eher der modernen Bikegeometrie."

Bikertraum: Gary Fisher gelang der Sprung vom Clunker-Piloten zum Geschäftsmann.

Start im Wohnzimmer: Gary Fisher fing klein an.

Symbol für den wachsenden Bikemarkt: Die Belegschaft von Specialized vor dem modernen Firmengebäude.

Mountainbikes – der Schocker auf den Messen

1981 präsentierten Gary und Charles ihre Bikes zum ersten Mal auf der Fahrrad-Messe in Long Beach. Außer den beiden waren nur Jeff Lindsay und Victor Vincente mit Mountainbikes vertreten. Die vier schienen unter Hunderten von Ausstellern die einzigen ohne Schlips zu sein. „Wir kamen mit zwei Rädern, einem klapprigen Tisch und einer Schachtel miserabel gedruckter Prospekte an. Unser Drei-Quadratmeter-Stand ging fast unter inmitten flimmernder Videos, bezaubernder Models und areodynamisch konstruierter High-Tech-Renner", schmunzelt Charles Kelly über den kuriosen Auftritt. „Als spontane Resonanz auf unser Erscheinen ernteten wir erstmal nichts als ungläubiges Kopfschütteln."

Die Marktführer der Radszene hatten kaum mehr als ein mitleidiges Lächeln für die Newcomer übrig. Dennoch sammelten sich bald Menschentrauben an ihrem Stand, die ihnen neugierig die Prospekte aus den Händen rissen. „In den großen Firmen schienen Entscheidungen nur gefällt zu werden, um Risiken zu vermeiden, nicht um in neue Märkte zu investieren", beurteilt Kelly die damalige Marksituation. Schwinn, damals noch der Riese auf dem US-Markt, verschlief nach der BMX- auch die Mountainbike-Bewegung. Und das, obwohl

BIKEPRODUZENT MIKE SINYARD
Vom fliegenden Händler zum Bike-Giganten

Mike Sinyard war der erste, der bei der Produktion von Mountainbikes im großen Stil Gas gab. Mit dem Modell Specialized Stumpjumper, dem ersten in Massenproduktion hergestellten Mountainbike, eroberte er im Sturm die Massen.

Dabei hatte Mike Sinyard keineswegs von Anfang an die Vision einer großen Bikefabrik vor Augen. „Oh Boy, 1974 hätte ich mir davon noch nicht einmal träumen lassen. Ich kam gerade aus dem College und war total vernarrt in Bikes. Als ich die Schule beendet hatte, tourte ich mit einigen Freunden per Rad durch Europa. Wir hatten eine tolle Zeit damals, Oktoberfest, viel Party, ..." In Italien besuchte Sinyard einige Hersteller und beschloß, schwer erhältliche Zubehörteile nach Amerika zu importieren. „Zuvor hatte ich meinen alten VW Bus für 1 500 Dollar verscherbelt – das Startkapital für meine Firma." Mikes Zuhause und sein Büro bestanden aus einem kleinen Anhänger, den er hinter seinem Bike herzog.

Für Tom Ritchey lieferte Sinyard Komponenten und Zubehörteile. „Da packte mich das Mountainbike-Fieber", erzählt er. Ende 1980 ließ er in Japan das erste Specialized Mountainbike produzieren, den Stumpjumper. Er war dem Ritchey-Bike sehr ähnlich und mit einem bunten Komponentenmix bestückt: TA Kurbeln aus Frankreich, Mafac Bremsen, italienische Bremshebel. Doch er war leichter als die meisten anderen Mountainbikes, dabei aber genauso stabil und obendrein deutlich erschwinglicher.

Der Schritt zur Massenproduktion löste eine Lawine aus. Doch für Sinyard war dieser Schritt anfangs nicht ohne Risiko: „Vom Gefühl her wußte ich sofort, Mountainbiken war eine wirklich irre Sache. Doch viele Hersteller hielten mich für verrückt. Hey, sagten sie, was willst Du mit diesen Kinderrädern. Wir wollen Rennräder."

Erfolgstyp: Mike Sinyard.

der neue Sport mit den alten Schwinn-Cruisern erst ins Rollen gekommen war. Einige kleinere Firmen gingen da viel aggressiver ran. Unternehmen wie Specialized preschten an die Spitze. Sie stellten den US-Markt auf den Kopf, kratzen am Image der etablierten Firmen oder demolierten sie gar.

Massenproduktion – der Durchbruch

Nach dem Coup von Specialized war es nur eine Frage der Zeit, bis die nächste Firma

Mike Sinyard (Mitte) begann als Importeur für Fahrradkomponenten und mit dem Verkauf von Reifen.

mit Serien-Mountainbikes einen Volltreffer landen würde. Schon wenige Wochen später folgte Univega. Die Bikes beider Firmen glichen von der Geometrie bis zu den Komponenten dem Ritchey-Mountainbike wie ein Ei dem anderen. Bald folgten BMX-Firmen wie GT oder Diamond Back mit modifizierten oder überdimensionierten BMX-Bikes. 1983 führten Shimano und Suntour die ersten Komponenten für Mountainbikes ein.

Von jetzt an war die explosionsartige Verbreitung des Mountainbikes nicht mehr aufzuhalten. Ein Jahr später gab es kaum noch eine Firma, die keine Mountainbikes im Programm hatte.
Mittlerweile war auch die Firma „Mountain Bikes" gewachsen. Kelly und Fisher versandten drei bis vier Bikes pro Tag und außerdem Zubehörteile. Doch unglücklicherweise holten ihre frühen Fehler sie nun ein. Da sie nicht klar festgelegt hat-

ten, wer in der Firma welche Funktionen übernimmt, gerieten sie in Streit, wie sie Rechte und Pflichten verteilen sollten. Und auch der Deal mit Tom Ritchey, den sie lediglich per Handschlag besiegelt hatten, zeigte erste Risse. „Gary und ich waren bei Tom mittlerweile tief verschuldet. Wir sahen keinen klaren Ausweg mehr, wie wir das finanzielle Schlamassel hätten lösen können", erzählt Kelly. 1983 stieg er deshalb aus der Firma aus.

"Ich zog es vor, mich stattdessen voll meinem neu gegründeten Bike-Magazin, dem ‚Fat Tire Flyer' zu widmen." Gary lieh sich von seinen Eltern Geld um zu expandieren. Er kaufte Kellys Anteil an der Firma und zahlte Tom die Schulden zurück. Doch ihren Zwist konnten Tom Ritchey und Gary Fisher nicht schlichten. Sechs Monate später trennten auch sie sich und gehen seitdem mit ihren eigenen Firmen getrennte Wege.

BEN LAWEE ZIEHT MIT UNIVEGA NACH

Professionelle Vermarktung

Nur wenige Wochen nach Specialized importierte Ben Lawee mit seiner Firma Univega Mountainbikes aus Asien. Er gründete seine Bikefirma ohne selbst sportlich aktiv gewesen zu sein.

Ben Lawee war der zweite, der in die Massenproduktion von Mountainbikes einstieg. Er besaß offenbar einen guten Riecher für den Braten, an dem bald Millionen von Bikern Geschmack finden sollten. Immerhin war Lawee niemals selbst Biker. Was den Kaufmann auszeichnete, war einfach ein guter Geschäftssinn. „Anders als die Bikefreaks in Nordkalifornien, die zwar von den Rädern eine Menge Ahnung hatten, nicht aber von Geld und Marketing, wußte er, wie man ein Produkt professionell vermarktet", erklärt Univegas ehemalige Marketing-Direktorin Szusanne Painter. „Ben hatte einfach eine glückliche Hand und die Fähigkeit zu erkennen, was gerade am Horizont herandämmerte. Er sah, was Specialized machte, und dachte: Ja, das haut hin." Also folgte er den Spuren Mike Sinyards. Wie alle Hersteller damals förderte er den Bike-Boom.

Ben war als 19jähriger aus dem Iran nach Amerika gekommen. Er hatte mit einem kleinen Bikeshop in Long Beach angefangen. Dann war er der erste Importeur für Motobecane und Raleigh in Amerika. Außerdem importierte er auch Bianchi. Irgendwann langweilte ihn der Importeursjob jedoch. Also gründete er seine eigene Radmarke und verkaufte unter dem Namen Italvega Straßenräder. Zunächst ließ er die Bikes in Europa produzieren, später dann in Japan. Da paßte Italvega nicht mehr. Ben änderte den Namen in Univega, das heißt so viel wie heller Stern. Der ging zehn Jahre später so richtig groß auf. 1982, orderte Ben Lawee seine erste Schiffsladung Mountainbikes aus Asien. So fing alles an.

Geschäftsmann: Ben Lawee baute Univega auf

Komponentenkönig – Shimano wird zur Schaltzentrale

Anfang der achtziger Jahre: Stabile Bikerahmen made in USA waren der Hit. Jetzt fehlten nur noch robuste Komponenten. Da schalteten die Japaner am schnellsten. Shimano entwickelte sich zur zentralen Triebfeder.

Irgendwann Mitte 1981. Die Maschinen beim japanischen Komponentenhersteller Shimano laufen in gleichmäßigem Takt. „Tang, tang" tönt es ruhig durch die Fabrikhallen in Sakai bei Osaka. Ein Tag wie jeder andere in der Zentrale des asiatischen Schaltungs- und Ritzelexperten – bis gegen 10 Uhr vormittags plötzlich das Telefon von Marketingdirektor Yozo Shimano schrillt. Am anderen Ende der Leitung schießt die aufgeregte Stimme Yoshizo Shimanos los, Chef von Shimano Amerika. Seine Nachricht bringt den heißen Draht zur Shimano-Zentrale zum Glühen. „Eine Revolution des Radsports, Bikes mit dicken Reifen und Kettenschaltung, ein richtiger Hit in Kalifornien", sprudelt es aus dem Hörer. Den legt Yozo erst vier Stunden später wieder auf. Bis dahin teilt ihm Yoshizo mit, daß man die geländegängigen Gefährte „Mountainbikes" nennt, und entflammt in ihm eine Vision. Die Idee von einer Zweiradwelt, in der neben den herkömmlichen Drei-gangrädern und Straßenrennern noch viel aufregendere Abenteuer warten, setzt sich in den Shimano-Köpfen fest.

Beginn einer neuen Mountainbike-Ära

Das Telefongespräch signalisierte den Beginn eines neuen Kapitels in Shimanos Firmengeschichte. Wenig später tüftelte die Entwicklungsabteilung bereits an den ersten speziellen Mountainbike-Komponenten. „Die ersten Mountainbikes glichen ungehobelten, rohen Klötzen", erinnert sich Yoshizo Shimano. „Regelmäßig gingen Teile kaputt. Also setzten wir uns mit den Jungs aus Kalifornien zusammen und entwickelten Prototypen von speziellen Mountainbike-Komponenten. Große Fahrradhersteller wie Schwinn haben sich darüber totgelacht und den Kopf geschüttelt, wie wir uns mit Cowboys wie Gary Fisher oder Mike Sinyard einlassen konnten", erzählt Hans van Vliet, Marketingdirektor von Shimano Europa. Aber so schlecht war der Umgang der braven Japaner mit den Wild Boys gar nicht. Fleiß und Know-how aus Fernost gepaart mit Pioniergeist á la Wild West hoben schon 1982 Shimanos erste Mountainbikekomponenten mit dem Namen „Deore XT" aus der Taufe. Auf den Bikemessen in New York und Mailand gab es zur Premiere allerdings erstmal einen satten Dämpfer. Shimanos Geschäftspartner witzelten über XT wie über einen kindischen Gag. van Vliet: „´Spielzeug, das keinen interessiert´, lautete der lapidare Kommentar der meisten europäischen Importeure, ehe sie uns samt Komponenten und Ideen an die frische Luft setzten." Die drei Shimano-Brüder Keizo, der Techniker, Yozo der Marketing- und Finanzchef und Yoshizo, der Vertriebsstratege, waren mit der Umsetzung ihrer Zukunftspläne der Zeit vorausgeeilt. Doch sie hatten den Trend erkannt. Zwei Jahre später traute sich kaum noch ein Komponentenhersteller, ohne Mountainbike-Teile auf den Messen aufzukreuzen. „Das Mountainbike war etwas völlig neues, eine Art mechanisiertes Pferd, auf dem du durch Wälder und Bäche, am Strand oder auf den Bergen reiten kannst. Wir haben mitgeholfen, eine völlig neue Art Radsport anzuschieben" – damit hatte Yoshizo Shimano eine Vorstellung klar vor Augen, die er mit Mut zum Risiko verfolgte. In der Tat, erst mit Spezialkomponenten konnte das Moun-

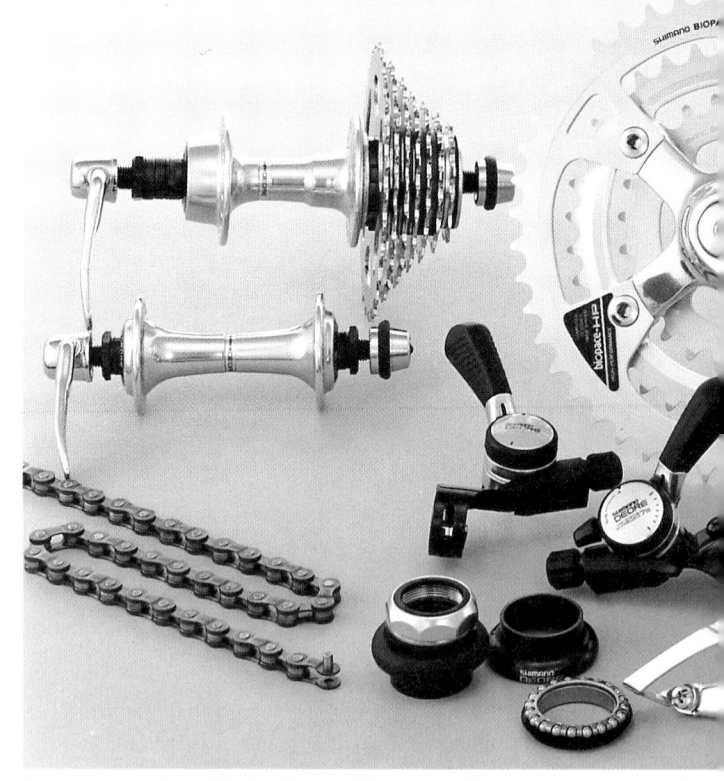

Komplettangebot: Mit der Deore XT brachte Shimano erstmals speziell für Mountainbikes eine komplette Komponentengruppe auf den Markt. Solide Schaltungssysteme und Bremsen revolutionierten die Technik.

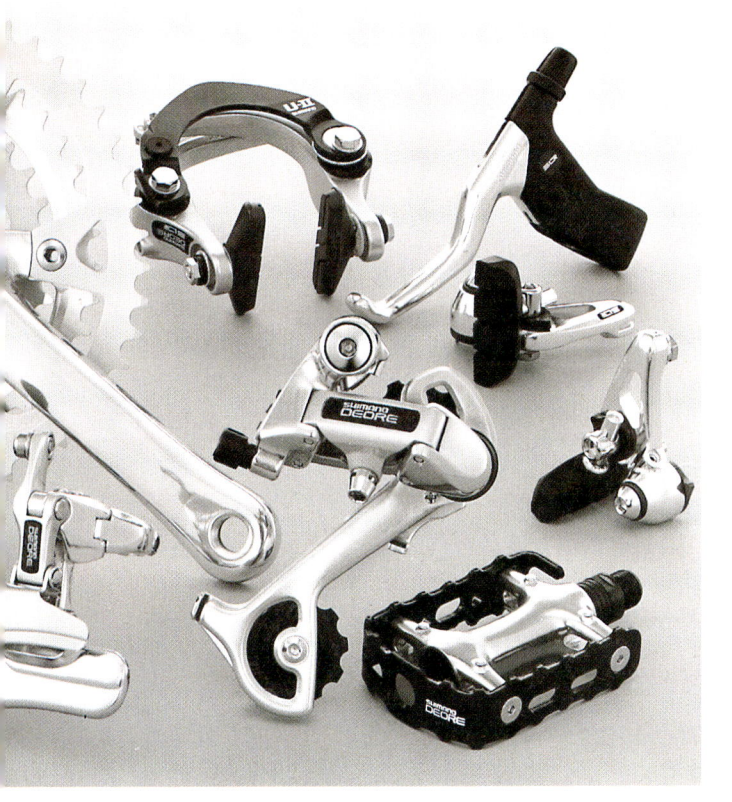

Shimano – Synonym für perfektes Schalten im Gelände

Der legendäre Aufstieg des Komponentenriesen nahm seinen Lauf. Die Konkurrenz sah beinahe wie gelähmt zu. Der japanische Konkurrent Suntour, der sich Anfang der 80er Jahre den amerikanischen Schaltungsmarkt mit Shimano fifty-fifty teilte, schrumpfte zum unbedeutenden Zwerg. Und auch die Europäer überflügelte Shimano schnell. Campagnolo, Sachs und Simplex, ohne die damals im Rennradbereich und bei Dreigang-Naben fast nichts lief, sollten bald pro Jahr kaum mehr Schaltungen für Mountainbikes verkaufen, als bei Shimano in wenigen Tagen vom Band liefen.

„Von 1985 bis 1995 hat sich unser Umsatz verzehnfacht", rechnet van Vliet vor. Daß dies nicht immer ohne Schrammen abging, übersieht man bei der Größe des Marktführers leicht. „Wir hatten fünf Jahre lang jede Menge Geld und Arbeit in Biopace investiert", gibt der Holländer zu bedenken. Doch das ovale Kettenblatt entpuppte sich tainbike auch die Massen begeistern. Großzügige Übersetzungen verwandelten mörderische Anstiege in beinahe sanfte Wellen, Index-Schaltsysteme machten den Gangwechsel zum Kinderspiel und funktionelle Cantilever-Brakes das Bremsen nicht länger zum Glücksspiel.

High-Tech für mehr Bikespaß

Shimano bot komplette Komponentengruppen schon zehn Jahre lang für Straßenrenner an. Für den harten Geländeeinsatz taugten nur wenige Teile. So glich die Ausstattung der Urbikes einem wilden Komponentenmix: Bremshebel aus Italien, Kurbeln aus Frankreich, Schaltwerk aus Japan. Obendrein waren die besten Teile meist auch die rarsten und oft nur schwer aufzutreiben. Schluß damit. Die Shimano-Ingenieure warfen ihr technisches Wissen auf dem Schaltungs- und Nabensektor in einen Topf mit den Anforderungen, die das neue Sportgerät Mountainbike stellte.

Heraus kam die neue Deore XT SIS-Gruppe mit Index-System. „Ein echter Hammer", urteilt van Vliet noch ein Jahrzehnt danach über den Komponentenklassiker. Bikeproduzenten wie Kunden leuchtete die Ganzheitstheorie ein. Aufeinander abgestimmte Teile, kein lästiges Zusammensuchen der passenden Parts und das alles zu vernünftigen Preisen. Ab jetzt stand Shimano als Synonym für perfektes Schalten im Gelände.

KOMPONENTENBEZEICHNUNG „DEORE":
Irrtum mit Folgen

Die ersten Deore XT-Komponenten von Shimano waren ursprünglich als Angebot für Tourenbiker vorgesehen, ehe die Mountainbike-Welle die Konzeption kippte. Wie die Gruppe zu dem seltsamen Namen kam? Die Bezeichnung sollte etwas Edles ausdrücken. So soll ein Shimano-Mitarbeiter einen seiner internationalen Kollegen nach der französischen Bezeichnung für „Gold" gefragt haben: d´Or. Beim Buchstabieren hatten die beiden dann wohl Verständigungsprobleme. So entstand Deore – ein Kunstname ohne besondere Bedeutung.

nicht als ergonomisches Ei des Kolumbus, sondern als Flop. Und es kam sogar noch dicker. Glich die Suche nach der idealen Antriebsform einem kniffligen Rätsel, so geriet die Produktion in den Anfangsjahren zu einem wirtschaftlichen Mikadospiel. Als das Bikegeschäft zu explodieren begann, schrieben die Importeure in Europa und Amerika ihre Großaufträge schneller, als selbst die fleißigsten Japaner produzieren konnten. Die Folge: Engpässe bei der Liefe-

Mehr Bikespaß im Gelände: Die Cantileverbremsen waren leicht und packten kräftig zu.

strie. Als Profi für Kaltschmiedeverfahren preßt Shimano nicht nur hochwertige Bikekurbeln, sondern komplettiert mit Kupplungs- und Antriebsteilen für Automobile das Innenleben in fast jedem „Japaner".

Marktführer durch Zufall

Daß Shimano heute bisweilen zu starke geschäftliche und produktpolitische Dominanz vorgeworfen wird, liegt van Vliet zufolge ganz einfach an der Größe, „die automatisch auch eine gewisse Arroganz ausstrahlt". Eigentlich aber habe der Riese eine nicht weniger sensible Seele als jeder andere und sei genauso von Angebot und Nachfrage abhängig wie jeder andere Hersteller der Branche. Und mit einem Hauch von fernöstlicher Weisheit fügt van Vliet hinzu: „Shimano hat nie vom großen Bikeboom geträumt. Die Führungsrolle auf dem Komponentenmarkt ist nie beabsichtigt gewesen. Es sind vielmehr die Umstände gewesen, die Shimano zufällig großgezogen haben." Wer weiß, vielleicht wäre es ja tatsächlich ganz anders gekommen, hätte Yozo Shimano 1981 nicht ein vierstündiges Telefongespräch geführt.

Fingerspitzengefühl: Ohne Rasterschaltung war dosierter Daumendruck erforderlich.

rung und der Qualitätskontrolle. Die ersten Hinterradnaben kapitulierten beim Hardcore-Einsatz im Gelände. van Vliet über die Produktionsprobleme: „Bei Power-Antritten brachen die Sperrklinken wie Streichhölzer."

Doch Shimano überstand die Kinderkrankheiten und trat danach mit neuer Kraft an: Mit Hyperglide fürs Schalten unter Last, Rapidfire-Schalthebeln und schließlich dem SPD-Klickpedal-System stellte Shimano Ende der 80er, Anfang der 90er Jahre die Weichen Richtung Zukunft. Heute fertigt Shimano von jährlich gut 40 Millionen verkauften Schaltwerken rund 34 Millionen. An der Börse von Tokio rangiert das Unternehmen unter den Top 150. 6000 Angestellte verdienen ihre Brötchen bei Shimano längst nicht mehr nur in Japan. Mitt-

Bergtauglich: Kleine Übersetzungen nahmen auch steilsten Anstiegen den Schrecken.

lerweile zählen Niederlassungen in Thailand, Indonesien, Singapur, Malaysia und China zu einem Konzern, in dessen Entwicklungsabteilung sich 150 Ingenieure über technische Neuerungen die Köpfe zerbrechen. Neben Fahrradkomponenten stützt sich Shimano mit Hauptsitz in der Stahlhochburg Sakai, dem Solingen Japans, auf zwei weitere wichtige Standbeine: Angelgeräte und Autoindu-

DER RITZELRIESE WÄCHST
Shimanos Firmengeschichte

Aus einer kleinen Reparaturwerkstatt in Japan entwickelte sich einer der größten Fabrikanten für Fahrradkomponenten weltweit. Shimanos Werdegang mit den wichtigsten technischen Neuerungen.

Um 1910
Shozaburo Shimano treibt es ein bißchen zu bunt. In seiner Sturm- und Drang-Zeit macht der Junge aus Sakai alles andere als Anstalten, ein erfolgreicher Geschäftsmann zu werden. Er schmeißt die Schule, fliegt zu Hause raus und treibt sich als Bandenführer herum. Eine Lehre als Metallhandwerker bringt seine Führungsqualitäten schließlich doch noch auf die richtige Bahn.

1921
Shozaburo Shimano gründet Shimano Iron Works als kleine Reparaturwerkstatt für Maschinen. Ein Jahr später erfüllt er sich einen Traum. Er steigt in die damals schwierige Produktion von Freilaufkränzen ein.

1930 bis 1958
Shozaburo steigt zur leitenden Figur der japanischen Fahrradindustrie auf. Er stirbt 1958. Nachfolger wird sein ältester Sohn Shozo.

1960 bis 1969
Shimano entwickelt Naben-, Kettenschaltungen und sogar eine Hydraulikbremse. Die Firma expandiert international.

1970
Beginn der Produktion von Angelruten und -rollen. In den siebziger Jahen verstärkte Entwicklung von Rennradkomponenten.

Shimanos Highlights

1982
Erste Deore XT-Komponenten speziell für Bikes.

Firmengründer: Shozaburo Shimano.

1983
Vorstellung des ergonomischen Biopace-Antriebs.

1986
Neue komplette Deore XT SIS-Gruppe. SIS steht für Shimano Index System. Indexschaltung, bei der Gänge über fest vorgegebene Rasterpositionen geschaltet werden.

1989
Doppelschalthebel Rapidfire als Teil des Shimano Total Integration-Konzepts (STI), bei dem alle Komponenten aufeinander abgestimmt und in Komponentengruppen unterteilt sind. Gleichzeitig ermöglicht das Hyperglide-System durch spezielle Formen der Zahnkränze sanfte Schaltvorgänge auch unter Last.

1990
Multifunktionelles SPD-System (Shimano Pedaling Dynamics): Ein in der Schuhplatte des Bikeschuhs versenktes, auswechselbares Cleat dient als Click-Verbindung zum Pedal. Es ermöglicht eine bessere Kraftübertragung und normales Laufen.

1991
Top Gruppe XTR.

1995
Interglide-System zur Verbesserung des Schaltkomforts. Die speziell geformte Kette ist exakt auf die Shimano-Zahnkränze abgestimmt.

1996
Shimanos V-Brake setzt neue Maßstäbe in punkto Bremskraft und löst die Cantilever-Bremsen ab.

1997
Shimano präsentiert die Rollerbrake als Alternative zu Scheibenbremsen und Shimano Airline, den Prototypen eines pneumatischen Schaltsystems.

Fat Tire Flyer –
das erste Bikemagazin

Das erste Spezialmedium für Mountainbiker hieß „Fat Tire Flyer". Fünf Jahre lang existierte der kuriose Vorgänger der Mountainbike Special-Interest-Magazine, die es mittlerweile in fast jedem Land der Erde gibt.

Der Fat Tire Flyer legte keineswegs gleich als vierfarbiges Hochglanzmagazin los. Nein, das Unternehmen war eher Ergebnis unglücklicher Umstände. Und das kam so. Im Sommer 1980 trafen sich ein paar der Mountainbiker aus Marin County, um einen Verein zu gründen. „Ein eigener Mountainbike-Club, eine großartige Idee", erinnert sich Mountainbike-Pionier Charles Kelly. Schon waren heiße Diskussionen in vollem Gange. Wie sollte der Club heißen? Wofür würde er sich einsetzen? Und wie würde man alles organisieren? Einer der vorgeschlagenen Namen lautete „Marin County Wilderness Wheelers", aber das klang den Mitgliedern zu formell. Und außerdem war der Name viel zu lang und hörte sich eher lächerlich an. Also ging die Namenssuche weiter, bis Denise Caramagno „Fat Tire Flyer" vorschlug. Das fanden alle ziemlich witzig und zu einem lockeren Haufen, wie einem Bikeclub, äußerst passend. Der Name war einstimmig angenommen.

„Der nächste Tagesordnungspunkt, oder besser gesagt, der einzig weitere dieser abendlichen Zusammenkunft war, einen Club-Newsletter für die Mitglieder auf die Beine zu stellen", erzählt Kelly. „Da ich die einzige Person in der Runde war, die jemals einen Presseartikel veröffentlicht hatte, fiel die Wahl auf mich. Als Beitrag zur Vereinsarbeit nahm ich den Posten an." Zusammen mit seiner damaligen Freundin Denise Caramagno beschloß er, die Clubnachrichten zu drucken und sie „Fat Tire Flyer" zu nennen.

Für einen Dollar: Die erste Ausgabe des Fat Tire Flyers ähnelte mehr einem Flugblatt als einem Magazin.

Rennberichte und gestohlene Bikes

Der Mountainbike-Club traf sich danach nie wieder, und von allen Vorhaben, die an jenem Abend besprochen worden waren, war der Fat Tire Flyer das einzige, das je wieder erwähnt wurde. Etwa eine Woche nach dem Meeting standen Text und Layout der ersten Ausgabe. „Vom Zeitschriftenmachen hatten Denise und ich keinerlei Ahnung. Es gab auch nicht gerade viel, worüber wir hätten schreiben können, da eigentlich sowieso jeder Bescheid wußte, was bei dem Treffen ausgemacht worden war", skizziert Kelly das magere redaktionelle Konzept. Also bestand die erste Ausgabe aus ein paar Rennberichten, einer Liste gestohlener Bikes, nach denen die Leser Ausschau halten sollten, und der Ankündigung eines Night-Rides bei Vollmond. Dazwischen standen sogar einige Anzeigen der vier örtlichen Bikeshops, die diese seltsamen Räder verkauften. Auch die Produktionsabläufe waren noch sehr schülerzeitungshaft. Charles Kelly: „Die Texte hämmerten

Themenmix: Der Fat Tire Flyer diente als Informationsblatt für eine kleine Szene. Die Artikel drehten sich vor allem um Rennen und Tourentermine.

Nacht ins Nichts aufgelöst hatte, bestand ein Bedürfnis nach ein paar gedruckten Zeilen für Mountainbiker, wo sie zumindest die gesammelten Renntermine nachschlagen konnten. Und vielleicht schloß das Interesse ja auch Cartoons und ein paar Rennberichte mit ein. „Zwei Monate später brachten wir jedenfalls die zweite Ausgabe heraus", und damit legte Charles Kelly den Grundstein für „so etwas wie ein regelmäßiges Druckwerk".

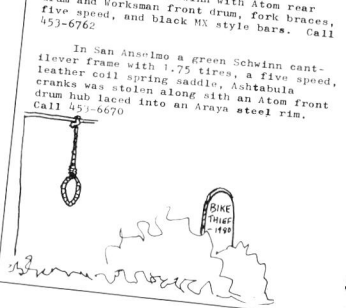

wir auf einer Schreibmaschine herunter, dann fotokopierten wir die Seiten und hefteten sie zusammen. Acht Seiten mit einer Auflage von 100 Stück. Dabei machten wir einen großen Fehler. Wir nannten das Ding ‚Issue One' – Ausgabe Eins."

Denn wenn es eine erste Ausgabe gibt, dann muß es auch eine zweite geben. Auch wenn der Bikeclub sich wie Nebel in einer windigen

> „Vom Zeitschriftenmachen hatten wir keinerlei Ahnung."
>
> **Charles Kelly**

„Mit Klebstoff und Schere bastelten wir am Layout", be-

schreibt Kelly seine ersten Versuche als Blattmacher. „Das Ergebnis machte einen ziemlich ungehobelten Eindruck, aber der Zweck heiligte die Mittel, denn es gab kein anderes Magazin für den neuen Sport. Und die mittlerweile schon 150 kopierten Exemplare gingen weg wie nichts."

Ein Insider- und Szene-Heft

Mit den Jahren wuchs der Fat Tire Flyer, und Kelly lernte mehr und mehr dazu. „Nach einem Jahr wechselten wir auf ein größeres Format und produzierten richtig professionell mit Apple Computer und Schriftsatz. Statt Zeichnungen kamen richtige Fotos ins Blatt. Nun nahm der Flyer wirklich Gestalt an – die eines billigen Magazins."

Dennoch blieb die Zeitschrift ein absolutes Insider- und Szeneheft. Dabei schmunzelt Charles Kelly: „Von Anfang an war es schwer, den Flyer ernst zu nehmen, denn er sah zu keinem Zeitpunkt wie ein ernsthaftes Magazin aus. Anstatt knochentrocken an die Materie heranzugehen, machten wir unsere Witze über diesen total verrückten Sport, mit dem unser Magazin heranwuchs. Weil es manchmal an ernsthaften Nachrichten mangelte, füllte ich die Ausgaben mit meinen eigenen Witzen und streckte die Artikel mit Füllwörtern so gut ich konnte. Schließlich kann man keine

Zeitschrift ohne Text zwischen den Umschlagseiten veröffentlichen."

„Das Magazin war zu keiner Zeit ein profitables Unternehmen, aber für mich war es die len Szeneblättern in der Medienlandschaft, die irgendwann entweder von etablierten Magazinen geschluckt oder von professionellen Neuerscheinungen verdrängt werden. „Ich hätte wahrscheinlich ein Vermögen damit machen können", bedauert Kelly heute. „Daß ich es nicht gemacht habe, ist mein eigener Fehler." Sein neuer Partner und er waren nicht immer einer Meinung. Oft lähmte sie der Streit darüber, in welche Richtung sie marschieren sollten, so sehr, daß sie überhaupt nicht vorwärts kamen. „Aber zumindest reisten wir ein paar Jahre zu allen größeren Bike-Events durchs Land und wurden dort wie seriöse Journalisten behandelt."

Bikereporter: Ob auf Tour oder bei Rennen, Charles Kelly hielt die Highlights fest.

„Für mich war es die kreativste Arbeit, die ich je tun durfte."

Charles Kelly

Die nächsten fünf Jahre legte der Fat Tire Flyer weiter zu. „Für einige Ausgaben stellten wir sogar einen Grafiker an", blickt Kelly zurück. Doch immer noch stand das Blatt auf wackeligen Beinen, und Kelly hatte vor jeder Ausgabe aufs neue das Problem, genügend Geld für die Produktion zusammenzukratzen. Als er sich privat von Denise Caramagno trennte, endete auch ihre Geschäftsbeziehung. Sie verkaufte ihren Anteil am Fat Tire Flyer.

kreativste Arbeit, die ich je tun durfte", beschreibt Kelly seine Freude am Job. „In den letzten Jahren, bevor Computer die handwerkliche Herstellung von Zeitschriften revolutionierten, hatten wir einen Mordsspaß daran, die Texte selbst zu setzen und unsere eigene Grafik zu kreieren. Genauso wie wir als Mountainbiker in Neuland vorgestoßen waren und unsere eigenen Regeln aufgestellt hatten, machten wir es mit dem Magazin. Auch wenn die Optik immer mehr einem ‚echten' Magazin glich, erreichte der Flyer diesen Status wohl nie."

Von der Konkurrenz geschluckt

Und damit teilte der Fat Tire Flyer das Schicksal von so vie-

1987 kamen mehrere andere amerikanische Mountainbike-Magazine auf den Markt, ernsthafte Gegner für den Fat Tire Flyer. Nach einem neuerlichen Streit trennten sich Kelly und sein Partner. „Ich nahm einen Job bei einer der großen Bikezeitschriften an. So starb der Fat Tire Flyer ohne großes Aufsehen", denkt Charles Kelly manchmal heute noch an diesen für ihn schweren Entschluß. „Inzwischen ist diese Zeit zwar längst vorbei, aber bestimmt nicht vergessen. Ich werde immer behaupten können, das erste Mountainbike-Magazin herausgebracht zu haben."

DAS BIKE-MAGAZIN
Service-Magazin
für einen neuen Sport

1989 erschien die erste große Bikezeitschrift in deutscher Sprache. Mit detaillierten Tests und Tourenbeschreibungen entwickelte sich das bike-Magazin zum Ratgeber der Anhänger des neuen Sports.

„Radfahren wird ein neuer Sport", überschrieb Herausgeber Uli Stanciu sein Editorial in der ersten Ausgabe des bike-Magazins. Am 5. April 1989 feierte bike als erste große deutsche Special-Interest-Zeitschrift für Mountainbiker Premiere. Mit den über 330 000 Mountainbikes, die weltweit verkauft wurden, war auch das Informationsbedürfnis gewachsen. Die Macher des erfolgreichen surf-Magazins aus dem Delius Klasing Verlag griffen den Trend auf, der plötzlich so viele Sportler fesselte.
Die Grundidee des neuen Magazins basiert auf einem Lebensgefühl, das die Windsurfer bereits vorgelebt hatten. „Mountainbiken machte Schluß mit starren Regeln und Konventionen", erklärt Uli Stanciu. „In der neuen offenen Klasse von Fahrrädern war alles erlaubt." Zudem eröffnete das Bike ganz neue Möglichkeiten der Fortbewegung in der Natur. „Weg vom Auto", lautete für viele das Motiv, aufs Bike umzusteigen. Nachdem Stanciu schon 1987 der Gedanke eines bike-Magazins nicht mehr los ließ, sammelte er erstmal eigene Erfahrungen auf dem Bike. 1988 besuchte er alle Rennen der Grundig-Serie und knüpfte Kontakte zu den Rennfahrern und zur Industrie. Die damals erfolgreichsten deutschen Racer, Jürgen Sprich und Jürgen Eckmann, gewann er als Mitarbeiter für sein Redaktionsteam. Anders als der Fat Tire Flyer sollte das bike-Magazin mit den besten Sportzeitschriften konkurrieren können. Das Konzept des Teams aus engagierten Bikern und professionellen Journalisten ging auf. Präzise Information, umfassender Service mit Technik- und Tourentips, Motivation, Unterhaltung, Fachkompetenz und von der Industrie unabhängige Tests, gepaart mit anspruchsvoller Grafik und hochkarätigen Fotos, machten das Magazin in kurzer Zeit zur „Bibel" in Bikerkreisen und forcierten die Entwicklung des Sports maßgeblich.
„Es war, als hätte alle Welt darauf gewartet", blickt Stanciu auf den erfolgreichen Start der Zeitschrift zurück. Noch im ersten Jahr kletterte die verkaufte Auflage auf 54 000 Hefte. 1991 überschritt die Auflagenzahl die magische Grenze von 100 000. Seine vorerst höchste Auflage erreichte das inzwischen monatlich erscheinende Special-Interest-Magazin 1993 mit knapp 140 000 Exemplaren. Uli Stanciu hatte Recht: „Das freie Lebensgefühl, das die fetzigen High-Tech-Geräte vermitteln, fesselt plötzlich auch Leute, die sich bisher fürs Fahrrad nie so recht engagieren konnten." Sein neues Magazin war wie die Biker: dynamisch, innovativ und kreativ.

Blattmacher: Uli Stanciu.

Verspäteter Boom – der Trend in Europa

Als die Bikewelle in Europa ankam, lachte die Radbranche über die seltsamen Bergräder. Eine Fehleinschätzung, wie die rapide steigende Nachfrage Ende der achtziger Jahre bewies.

Wenn es heißt, daß Trends aus Amerika zielsicher mit einiger Verspätung Europa erreichen, dann trifft das ganz besonders auf die Mountainbike-Bewegung zu. Während in den Staaten die Massenproduktion bereits auf stets höheren Touren anlief, blieb den Radlern in den deutschsprachigen Ländern immer noch nur die Wahl zwischen grazilen Strassenrennern und vergleichsweise trägen Tourenrädern. In die Wälder oder auf die Berge zog es damit allerdings nur ganz wenige Verwegene.

Einer der ersten, die das änderten, war der Schweiz-Amerikaner Butch Gaudy. 1979 hatte er beschlossen, zusammen mit seiner Freundin die Schweizer Berge gegen die Hügel Kaliforniens zu tauschen. Nur etwa 30 Kilometer nördlich des legendären Mt. Tamalpais betrieb er mit Freunden ein Ferienresort samt Restaurant, Motel, Campingplatz und einem Harley-Davidson-Verleih. Obwohl er rund um den Mount Tam immer wieder auf Mountainbiker traf und auch Bikepioniere wie Joe Breeze oder Ross Shafer seinen Weg kreuzten, konnte er sich für dieses „Low-Tech-Spielzeug anfangs nur wenig begeistern".

Butchs wahre Zweiradträume besaßen einen satt klingenden Motor und ordentlich PS. Er fand seine Freiheit auf einer Harley und nicht auf einem schweren Drahtesel, mit dem er schweißüberströmt die Berge hochkeuchen mußte. Bergab kam da schon eher Spaß auf. Tatsächlich, so Gaudy, gehörten die Vorgänger der Mountainbikes irgendwie zum Lifestyle der Hippie-Bewegung in den späten siebziger Jahren. „Wer Marihuana rauchte, der fuhr damals auch eines dieser bulligen Bikes. Weil es dir einfach ein wahnsinnig gutes Feeling gab, zugekifft die Berge hinunter zu rasen." Butch reizte das wenig, und er hätte schon gar nicht geglaubt, daß diese Aussteiger-Beschäftigung einmal die Fahrradwelt revolutionieren könnte.

Die wilden Downhill-Rennen, wie das Repack Race, betrachtete er eher mit kritischem Abstand: „Mit Sport hatte das herzlich wenig zu tun. Die meisten Starter waren ordentlich stoned. Klar, daß jeder, der hier ohne Sturz hinunterballerte, eine gute Zeit schaffte." Erst als er dann mit dem Amerikaner Gary Klein, dem Hersteller der dickrohrigen Edelbikes, zusammentraf, machte es nach und nach „klick" bei Butch Gaudy. Rechteckige Alu-Kettenstreben, wie sie Alupapst Klein konstruierte, gaben den „All Terrain Bikes", wie die Mountainbikes damals noch genannt wurden, nach Gaudys Meinung etwas Professionelles. „Das sah schon mehr nach Motorrad aus." Auf Motorradrennen lernte er unter anderem den späteren AMP-Hersteller und Federungsexperten Horst Leitner kennen. Butch bemerkte, daß immer

Bei Biketouren in den Schweizer Alpen testete Butch Gaudy seine Konstruktionen. Für ihn war das Bike eine logische Folge des Outdoor-Trends.

Europäischer Bikepionier: Butch Gaudy betrieb ein Motel in der Nähe des Mt. Tamalpais, ehe er als Importeur und Bikekonstrukteur anfing.

Bergvelo: 1983 baute Butch Gaudy seine ersten Mountainbikes. Sie wurden auf den Messen nur müde belächelt.

Tourenfan: Für den Bikephilosophen Gaudi ist Mountainbiken eine Lebenseinstellung.

mehr Konstrukteure aus der Motorradszene begannen, sich für Bikes mit Muskelantrieb zu interessieren.
Und so langsam merkte auch Gaudys Körper, daß ihm die Kurbelei besser bekam, als sich nur mit Motor durch die Gegend bewegen zu lassen. „Die Ansprüche, die das Bike an meinen Körper stellte, taten mir richtig gut." Der erste Schritt Richtung Mountainbike war getan.
Den zweiten machte Butch Gaudy nach seiner Rückkehr 1982 in die Schweiz. Für die Zweirad-Messe in Zürich im folgenden Jahr bereitete er einen Auftritt vor, der so manch anderem Aussteller die Augen aus dem Kopf treiben sollte. In der elterlichen Werkstatt schweißte und schraubte der gelernte Automechaniker an einem Bergvelo, das er neben Motorrädern auf der Messe präsentierte. Seine ersten Erfahrungen im Fahrradbau hatte Butch ja schon als Schüler zu Internatszeiten gesammelt.
„Ich wollte ein Fahrrad bauen, das anders war", erzählt er. Aus Wasserrohren hatte er ein futuristisches Mobil gebastelt, auf dem kaum einer seiner Mitschüler fahren konnte – „hauptsächlich, weil es keine Bremsen hatte ...". War es damals weniger die wirkliche Begeisterung für Räder, als vielmehr die Tatsache, daß ihm das nötige Taschengeld für ein Motorrad fehlte, so wollte er diesmal ernsthaft prüfen, inwieweit sich mit der Idee aus USA auch in Europa Geschäfte machen ließen.
Prompt kam die Ernüchterung. Das Fahrrad besaß damals immer noch den Status eines Arme-Leute-Vehikels. Gaudy fand es zwar „unglaublich, wie viele Leute sich für diese Motorräder ohne

Motor interessierten", an eine massenhafte Begeisterung "dachte damals aber noch kein Mensch." Trotzdem war Gaudy selbst nun vom Bikevirus schon voll infiziert. Mit Freunden radelte er quer durch die Alpen, so oft es ging, "einfach drauf los, ohne Landkarte". Und zusammen mit dem Rennrad-Rahmenbauer

Die ersten Mountainbike-Rennen in der Schweiz machten die Sportart allmählich publik.

Alain Ferraroli baute er seine erste Kleinserie Mountainbikes. Als Rahmenmaße wählte er eine Mischung aus Geometriedaten, wie sie sein Vorbild Gary Klein verwendete, und denen von Tourenrädern. Denn eines war Butch noch viel wichtiger als die rein sportliche Betätigung: das Erlebnis in der Natur. Als Ausstattung kamen Gaudy nur funktionelle und solide Teile ans Bike, was ihm in der Szene schnell den Titel des ersten europäischen High-Tech-Bikephilosophen einbrachte.

Seine Ansprüche waren dementsprechend hoch. "Wenn einer behauptet, in Europa schon 1981 Mountainbikes hergestellt oder verkauft zu haben, dann ist das Quatsch", kritisiert Gaudy. "Das waren stinknormale Räder, nur eben mit 26-Zoll-Rei-

Buntes Völkchen: Bei einigen Rennen gingen Damen und Herren gemeinsam an den Start.

Bildungsreise: Bei einer Biketour durch Amerika knüpfte Gaudi Kontakte zu den US-Schmieden.

fen." Seine persönliche Strategie war von Anfang an anders. „Es ist ein Unterschied, ob du einfach nur das große Geschäft machen willst, oder ob du ein Konzept vorstellst, an das du glaubst, das bis ins letzte Detail durchdacht ist und das für viele eine Lösung darstellt. Ein Rad, bei dem einfach alles harmoniert."

Bis er sich mit seiner Ansicht bei einer größeren Masse von Kunden durchgesetzt hatte, mußte er noch einige Hürden nehmen. Bei der Bernischen Ausstellung 1984 wurde er als Importeur der ersten Modelle von Gary Klein in Europa nur müde belächelt. „Die Verständnislosigkeit ging so weit, daß Messebesucher mich fragten, ob man diese Räder auch statt einem Pferd vor den Pflug spannen könne", schüttelt Butch den Kopf. So mußte er auch die 50 Räder, die er im selben Jahr bei Ferraroli anfertigen ließ, zum größten Teil an Freunde weiterverkaufen. „Die große Masse war zu diesem Zeitpunkt einfach noch nicht reif für die Idee Mountainbiking", analysiert Butch Gaudy heute.

Das Mountainbike – eine logische Zeiterscheinung

Für ihn ist das Mountainbike keine wirkliche Neuerfindung, sondern eine Zeiterscheinung. In Amerika paßte sie perfekt zum Hippie-Slogan „Raus aufs Land". Und in Europa? „Da ebnete Mitte der achtziger Jahre der immer stärker werdende Outdoor-Trend den Weg. Hinzu kam der wachsende individualistische Konsumdrang. Die Leute legten sich ein Mountainbike als Statussymbol zu und taten gleichzeitig etwas für ihren Körper." Und bei aller Individualität läßt sich der Sport auch bestens in der Gruppe ausüben ohne Treibstoff zu vergeuden. „Die Anti-Atomkraft-Bewegung trug sicher auch zum Durchbruch des Mountainbikes bei", führt Gaudy sogar gesellschaftspolitische Gründe an. Bis es soweit war, gingen jedoch noch ein paar Jahre ins Land.

„Der Outdoor-Trend ebnete den Weg für Bikes."

Butch Gaudy

Seine Heimatstadt Bern entwickelte sich unterdessen langsam aber sicher zu einem heimlichen Zentrum der eidgenössischen Biker. „Da kannte jeder jeden", erinnert sich Gaudy an die gemeinsamen Ausfahrten, vor denen er gerne mal spontan das Schild „Geschlossen" an die Tür seiner Werkstatt hängte.
1984 feierten die Schweizer Biker Rennpremiere. „Oh Mann", schnauft Butch heute noch beim Gedanken an das erste Rennen, „ein Mitglied unserer Clique betrieb in der Nähe von Gstaad im Winter einen Skilift. Als Kurs nahmen wir einfach die Schlepplift-Trasse – immer nur bergauf."
Bergauf ging es mit Gaudys Geschäften nach einer Mammut-Fahrradtour von Alaska nach Mexiko, zu der er mit seiner Frau Ende 1984 aufgebrochen war. Den Trip nutzte er, um zu allen namhaften Bikeschmieden der Westküste Geschäftskontakte zu knüpfen. 1986 eilte Gaudy in Europa bereits der Ruf eines Gurus und Pioniers der neuen Radsportdisziplin voraus. Er selbst hört das gar nicht so gerne.

Eines der ersten Rennen in Deutschland: Mit dem Schauff Off-Road-Cup warb die deutsche Traditionsfirma 1987 für die neuen Sportgeräte.

„Vielleicht nennen mich die Leute so, weil ich mich nie mit gewöhnlichen Fließbandprodukten abgegeben habe, die nur den Tarnnamen Mountainbike trugen."
Obwohl er aus Prinzip keine schriftlichen Verträge machte, rissen sich die Hersteller amerikanischer Nobelmarken darum, in Gaudys Vertriebssortiment aufgenommen zu werden. Das tat der plötzlich im Mittelpunkt der Medien stehende Butch mit gemischten Gefühlen. „So seltsam es

klingt, es hat mich eher gestört, daß sich Mountainbiken Ende der achtziger Jahre so schnell entwickelt hat", gibt der Chef der Firma MTB Cycletech zu denken. „Es entstand ein unglaublicher US-Fankult. Klar, ich habe davon profitiert, doch die Verherrlichung von Bikes und Parts aus USA hat mich ziemlich erschreckt." Alles, was vom anderen Ufer des großen Teichs kam, war geil, kultig, lässig. „Das ging soweit, daß ich mir als Specialized-Importeur für die Schweiz auf jedem Teil die amerikanische Flagge ansehen mußte, obwohl die Parts aus Taiwan stammten."

Als Unternehmer, der daneben seine eigenen Produkte made in Europe an den Biker bringen wollte, kam sich Gaudy manchmal ziemlich verschaukelt vor. „Die Amis haben sich über die Endverbraucher regelrecht lustig gemacht. In den frühen neunziger Jahren lautete zum Beispiel das Motto bei einigen Firmen in den USA ´Verkauft nach Deutschland, die nehmen jeden Schrott.´" Daß in Europa eine eigene Mountainbikeindustrie nur schleppend in Gang kam, bleibt angesichts der „blinden Begeisterung" für Bikes aus dem Mutterland des Sports nicht länger ein Rätsel.

Startschwierigkeiten in Deutschland

Auch in Deutschland faßte das Mountainbike anfangs nur extrem zögernd Fuß. Der Fahrradhersteller Hans Schauff machte bereits 1980 in einem Seminar auf der Fahrradmesse in New York Bekanntschaft mit dem Mountainbike. „Gary Fisher hat uns regelrecht bearbeitet, daß das Mountainbike das Fahrrad der Zukunft sei." Schauff war von der neuen Idee absolut überzeugt und entwickelte seine eigene Philosophie. „Ein Offroad-Rad auf Basis eines 26-Zoll-Herrenrades mit 10-Gang-Schaltung, japanischen Felgen, japanischen Reifen und französischen Mafac-Cantileverbremsen für Querfeldeinrennräder." Schauffs Vision war es, „ein Rennrad zu schaffen, mit dem man mühelos querfeldein fahren konnte, für Otto-Normal-Verbraucher und mit aufrechter Sitzposition. Ich habe niemals vorgehabt, wie die Amerikaner einen BMX-Nachfolger mit großen Rädern und viel Technik zu bauen." Bereits ein Jahr später stellte Velo-Schauff auf der Internationalen Sportartikelmesse (ISPO) ein bikeähnliches Fahrrad aus, den „Landcruiser" mit 26-Zoll-Laufrädern. Er trug den vielsagenden Werbetitel „Der Jeep auf zwei Rädern". Der große Durchbruch war das Ding aber noch lange nicht. „Ich schrieb damals die 50 größten Händler in Deutschland an und bot ihnen ein Bike für das Schaufenster an. Ich sagte, wenn ihr das Rad nicht verkaufen könnt – schickt es zurück. Nur 20 Händler erklärten sich zur Teilnahme an der Aktion bereit. Die Hälfte davon gab die Räder wieder zurück. Dabei gab es damals noch nicht einmal ein Konkurrenzprodukt."

Klaus Massek, Geschäftsführer des Verbandes der Fahrrad- und Motorradindustrie, sieht den zaghaften Start der deutschen Firmen ins Bike-Business in der Geschichte des deutschen Fahrradmarktes begründet. Die Ölkrise, der Umweltschutz, das moderne Freizeitverhalten und die Erfolge der Radrennfahrer Didi Thurau und Rudi Altig sorgten zwischen 1975 und 1980 für rapide nach oben schnellende Verkaufszahlen in der Fahrradindustrie. Doch plötzlich war der Markt gesättigt, und es begann ein erbitterter und für viele Unternehmen ruinöser Preiskampf. „Anfang der achtziger Jahre", so Massek, „zählte nur noch der günstige Preis." Keine Wunder, daß der Industrieverband Hochrechnungen aus Amerika nicht ernst nahm, die davon

Centurion-Chef Wolfgang Renner.

ausgingen, daß hochwertige Mountainbikes mit einem Preis von rund 2 000 Mark einmal einen Marktanteil von 40 Prozent ausmachen könnten. Massek: „Wir glaubten fest an einen Kommafehler."

Centurion – Entwicklung vorausgeahnt

Wolfgang Renner, Chef der Fahrrad-Schmiede Centurion, ließ sich schon früh auf das Abenteuer Mountainbike ein. „Durch unser Engagement im BMX-Sport und unsere Kontakte zu Suntour bekamen wir vom Mountainbike sehr schnell Wind."

Als ehemaliger Querfeldein-Rennfahrer und dreimaliger Deutscher Meister ahnte Renner schon früh „die gnadenlose Entwicklung, wenn Presse und Fachhändler mitziehen würden". Er sah im Mountainbike nicht nur ein ideales Sportgerät fürs Gelände, sondern „das perfekte Fortbewegungsmittel, um den Globus zu entdecken". Renner erhielt die ersten Geländeräder 1982 aus Japan und brachte sein Urmodell 1984 auf den Markt. Doch der Durchbruch ließ noch auf sich warten. „Die Resonanz im Fachhandel war total negativ." Genauso wie die damalige Qualität von Taiwan-Bikes, die das Mountainbike nach einem „kurzen Zwischen-Boom" fast von der Bildfläche verschwinden ließ. Renner: „Die Cantilever-Bremsen glichen Gummitieren, und die Naben flogen nur so auseinander. Es war wirklich eine Katastrophe."

Da der Fachhandel nicht mitzog, versuchte Renner seine Bikes über die Kaufhaus-Schiene abzusetzen. Die Kooperation mit Karstadt brachte Erfolg. Nach einer Anzeige in der Zeitschrift „Tour" brachte Wolfgang Renner etwa 800 seiner ersten Centurion Mountainbike-Modelle an die langsam wachsende Gemeinde der Geländeradler.

Noch ein weiterer deutscher Bikepionier, der sehr bald erkannte, was in den Geländebikes steckte, war Hans-Günther Sattler von der kleinen Bikeschmiede Technobull in Hausen bei Frankfurt. Auf der Fahrradmesse 1981 in Long Beach hatte Sattler Lunte gerochen. 1983 präsentierte er bereits sein erstes Bikemodell Sherpa. Es bestand aus einem handgelöteten CroMoly-Rahmen und war mit zwölf Gängen, Daumenschalthebeln, dicken Reifen und einer verstärkten Gabel ausgestattet. 1986 kam der Mountainbike-Boom in Deutschland langsam auf Touren. Doch das Umdenken von der Billigproduktion zur Qualitätsfertigung ging besonders in Großbetrieben langsam vor sich. „Als wir 1984 anfingen, mußten wir versuchen, das Mountainbike irgendwie in unsere vorhandenen Fertigungsprozesse mit einzubauen", erklärte Karl-Heinz Riess, Leiter der Entwicklungsabteilung bei Hercules. Hercules benutzte für die neuen Bikes vorhandene Muffen und die Geometrie eines 26-Zoll-Sportrades. Immerhin hatte das Bike eine verstärkte Gabel und einen geschweißten Lenker. Es war mit einer Reibschaltung und Trommelbremsen von Fichtel & Sachs ausgestattet. Ganz konsequent stieg auch der Fahrrad- und Gartenmöbelhersteller Heinz Kettler in den Mountainbikemarkt ein. Die Firma setzte voll auf Aluminium und verstand es in der Werbung hervorragend, die Vorteile des Materials Aluminium mit denen eines Mountainbikes zu verbinden.

Dicke Reifen fürs Gelände: Die Firma Centurion präsentierte ihr erstes Mountainbike 1982.

Importeure sorgen für neuen Schwung

Einige Importeure amerikanischer Bikemarken erkannten

die Marktlücke, die die deutsche Bikeindustrie Mitte der achtziger Jahre geradezu provozierte. Doch auch sie taten sich schwer. „Ich habe nach meinem ersten Anlauf schnell resigniert", gesteht Hartwig Hofherr, Chef der Firma Hajo's. Von einer seiner Geschäftsreisen nach Kalifornien hatte er ein edles Redline von Konstrukteur Linn Kastan mitgebracht, mit vierfach konifiziertem Rahmen und kompletter Suntour XC-Ausstattung – damals auf dem ultimativen Stand der Technik. Doch auf der Messe lachten die Händler Hofherr aus. Keine Mensch würde sich auf ein Fahrrad ohne Schutzbleche setzen, und schon gar nicht, wenn es 2350 Mark kostet. Denn so viel wollte Hofherr für das Bike.
„Die Argumente waren klar", faßt Hofherr zusammen. „Erstens: Keiner zahlt für ein Fahrrad so viel Geld. Zweitens: Wir leben nicht im sonnigen Kalifornien. Drittens: Im Wald riecht es nach Problemen mit Wanderern und Förstern. Viertens: Mountainbikes sind ja laut Straßenverkehrsordnung nicht einmal verkehrssicher." Obwohl er selbst anderer Meinung war – „ein bißchen wie BMX, aber mit allen Schikanen, die ein Rennrad zu bieten hatte, ich habe mich auf kein anderes Rad mehr gesetzt" – blieb Hartwig Hofherr erstmal nichts anderes übrig, als sein Vorhaben auf Eis zu legen. „Die Händler waren viel zu träge. Sie mußten durch die Nachfrage der Kunden erst dazu gezwungen werden, Mountainbikes anzubieten."

„Plötzlich übertraf die Realität unsere kühnsten Träume."

Michael Müllmann,
Importeur GT

Mehr Erfolg hatte da ein weiterer BMX-Spezialist, GT-Importeur Sport Import. „Das Geschäft mit den BMX-Bikes war gerade auf dem Höhepunkt, da bot uns GT Amerika neue Perspektiven", erinnert sich Geschäftsführer Michael Müllmann. Auf der Internationalen Fahrrad- und Motorrad-Ausstellung (IFMA) in Köln zeigte er 1984 die ersten GT-Mountainbikes in Deutschland, damals noch im Diamantrahmen-Design. Zwei Container davon, rund 300 Stück, brachte Sport Import im folgenden Jahr an den Mann. „Die selbstverwalteten Fahrradläden waren für den neuen Radtyp relativ offen", profitierte Müllmann damals von der grünen Welle. Doch bei den meisten herkömmlichen Fahrradläden mit „konservativer Graukittel-Mentalität" ließen sich mit dem Mountainbike vorerst auch für ihn kaum Geschäfte machen. Und auch mit edlen High-End-Bikes war noch kaum eine Mark zu verdienen.
Als Sport Import 1986 die ersten Bikes der Marke Ritchey zu einem Preis zwischen 5500 und 6500 Mark nach Deutschland brachte, „wurde das mit eindeutigen Handbewegungen an den Kopf registriert." Trotzdem, ein Jahr später begann mit den GT-Modellen im Triple Triangle-Design für Sport Import der Bikerausch. „Die Nachfrage überstieg ständig unsere Lieferkapazitäten. Plötzlich übertraf die Realität unsere kühnsten Träume", erzählt Müllmann.
Zu den frühen Verfechtern der Idee „Mountainbike" in Deutschland zählte auch der geschäftstüchtige Newcomer Markus Storck. Der Sohn eines Frankfurter Fahrrad-Fachhändlers sah sich schon früh auf amerikanischen Messen um und arrangierte mit Joe Montgomery bereits 1985 den Import von Cannondale-

Jeep auf zwei Rädern: Der Landcruiser von Schauff basierte auf einem Stahlrahmen und war mit einer 18-Gang-Schaltung ausgestattet.

Bikes nach Deutschland. Kurze Zeit später folgte ein entsprechender Vertrag mit Gary Klein. Bei Ausfahrten zuhause mit der Radtouristik-Gruppe des German American Friendship Clubs war er sofort heiß geworden auf die geländegängigen Bikes, die einige US-Boys aus den Staaten mit über den großen Teich gebracht hatten. Für den jungen Markus Storck stand fest: „Das ist der neue Trend." Wie die meisten Bikehändler in Deutschland lachte sein Vater anfangs darüber nur: „Du verkaufst keine zehn Stück davon." Doch Storck junior ließ sich nicht beirren. Er witterte seine Chance. Tagsüber arbeitete er im Laden der Eltern, in Nachtschichten verpackte der Jungimporteur Rahmen und Komponenten. Die Überstunden lohnten sich. „Im ersten Jahr machte ich 800000 Mark Umsatz, im zweiten schon zwei Millionen", berichtet Storck über die beeindruckenden Bilanzen. Ähnlichen Unternehmergeist zeigte 1986 auch der Heidelberger German Möhren. Zwei Jahre zuvor hatte er bei seiner Arbeit in einem Laden für Bergsportartikel und Fahrräder in Katalogen die ersten Mountainbikes entdeckt. Da er selbst begeisterter Outdoor-Sportler war, war er sofort Feuer und Flamme. „Toll, genau das hatte gefehlt!" Wenig später war es beschlossene Sache: Er würde seinen eigenen Mountainbikeladen aufmachen. Mit frisch gedruckten Visitenkarten stellte er auf der Internationalen Fahrrad- und Motorrad-Ausstellung in Köln sein Konzept vor – und stieß damit auf nicht mehr Begeisterung als seine Vorgänger auch. Die Händler hatten keine Lust, „solch neumodischen Kram mitzumachen." Doch Möhren ließ sich nicht beirren.

Irgendwie spürte er, daß „aus der Sache mit den Mountainbikes noch ein größeres Ding werden könnte". Möhren: „Im Rahmen der Entwicklung eines Outdoor-Sports ohne Kniebundhosen und karierte Hemden war das eine ganz logische Entwicklung. Genauso wie kleine, leichte Outdoor-Zelte und Schlafsäcke den Spaß am Abenteuer im Freien vervielfachten, würde es auch entsprechende Räder geben."
An die 100 Bikes brachte er in seinem ersten Geschäftsjahr an den Mann. Nach eigenen Spezifikationen ließ er die Räder von verschiedenen europäischen Rahmenbauern fertigen. Zusätzlich leierte er bei Reisen nach Amerika den Import von Marken wie Cannondale, Yeti, Klein, Specialized und Trek an.
Die jungen Importeure trieben mit ihrem Idealismus die Bike-Bewegung mit weit mehr Enthusiasmus voran als die deutsche Fahrradindustrie. Es dauerte bis Mitte der neunziger Jahre, bis die deutschen Firmen den Vorsprung der Amerikaner aufgeholt hatten.

BEEINDRUCKENDE BILANZ
Bike-Boom in Zahlen

Schwarz auf weiß läßt sich der Bike-Boom Ende der achtziger Jahre in Deutschland an den Bilanzen der Hersteller ablesen. Verkaufssteigerungen von 300 Prozent sorgten für Goldgräberstimmung in der Fahrradbranche.

Die deutschen Fahrradproduzenten glaubten an einen Kommafehler, als sie 1986 hörten, daß in Amerika 40 Prozent aller verkauften Räder Mountainbikes seien. Schließlich betrug der Marktanteil zuhause gerade mal magere drei Prozent. Das sollte sich aber schnell ändern. Von „Euphorie auf dem Bike-Markt" schrieb die Zeitschrift „bike" in ihrer Bilanz der Saison 1989. Der Boom setzte sich im darauffolgenden Jahr fort. Die Verkaufszahlen für sportliche Mountainbikes kletterten von 153 000 auf 405 000. Und der Aufwärtstrend hielt, wenn auch abgeschwächt, bis 1995 an.

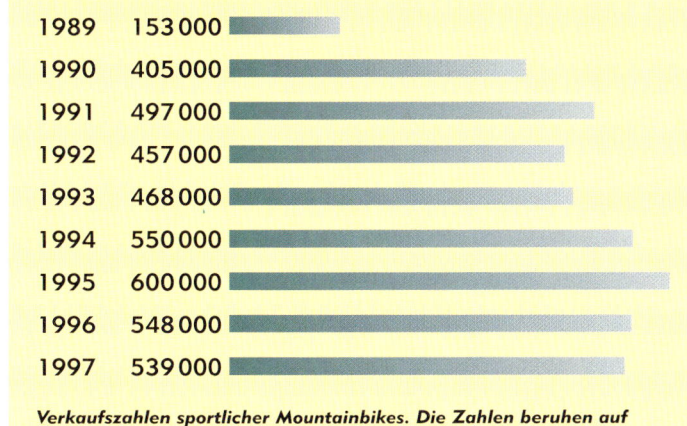

Jahr	Stück
1989	153 000
1990	405 000
1991	497 000
1992	457 000
1993	468 000
1994	550 000
1995	600 000
1996	548 000
1997	539 000

Verkaufszahlen sportlicher Mountainbikes. Die Zahlen beruhen auf Herstellerangaben und Branchenschätzungen. Quelle: bike-Magazin

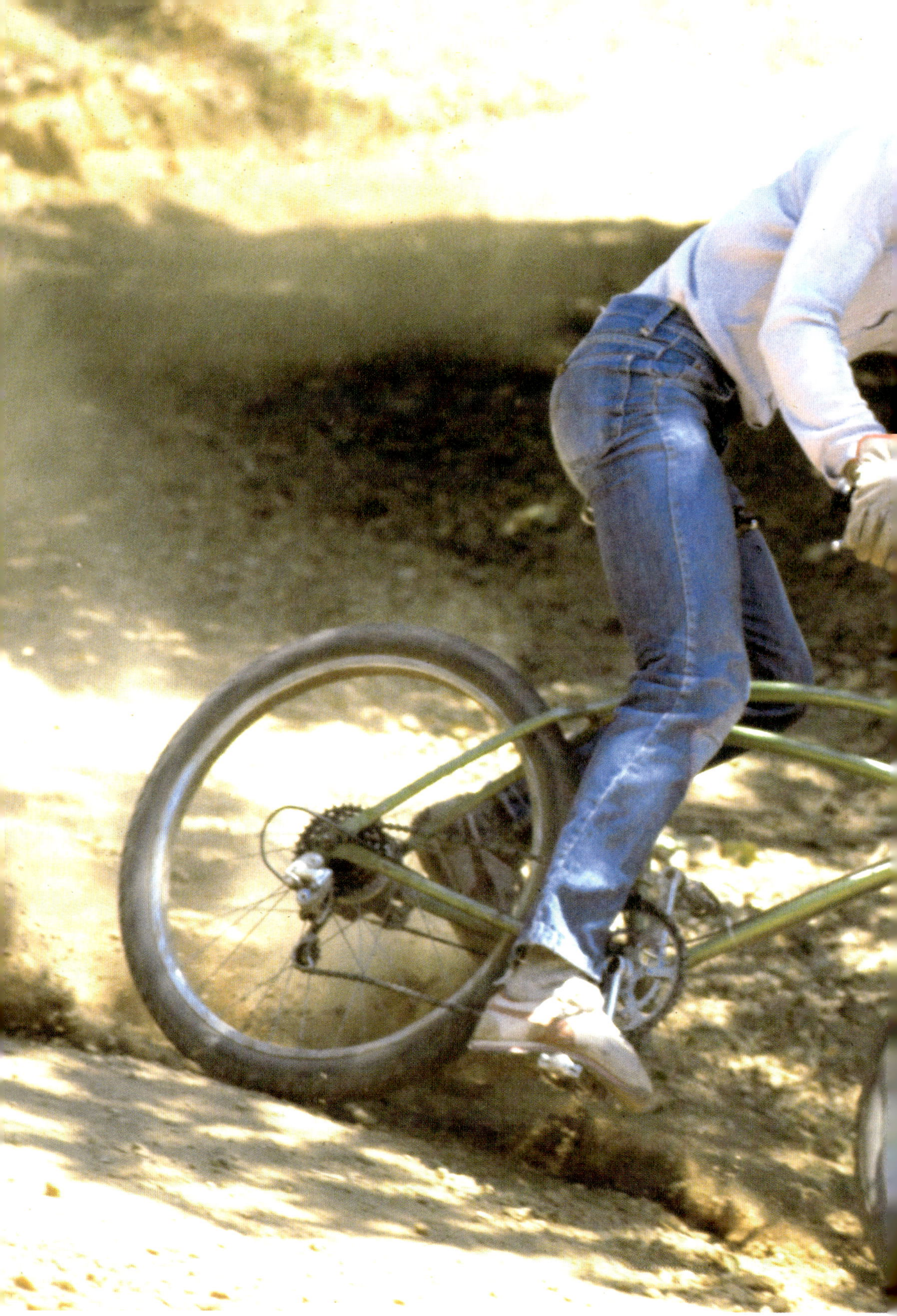

Technische Evolution – vom Clunker zum Computer-Bike

Kein Fahrradtyp hat eine rasantere technische Entwicklung hinter sich als das Mountainbike. Hier die Meilensteine – von der geländetauglichen Schaltung bis zur computergesteuerten Federung. Die klapprigen Clunker von einst haben sich in High-Tech-Bikes verwandelt.

Schwinn – Start vor 100 Jahren

Sogar die kalifornischen Bikepioniere selbst können heute kaum fassen, welche Lawine sie in den siebziger Jahren ins Rollen brachten. Aus der verrückten Freizeitbeschäftigung einiger wilder Fahrrad-Freaks entwickelte sich ein weltweiter Boom, der den Radsport und die Fahrradindustrie prägte wie keine andere Erfindung zuvor. Sieht man sich den Stammbaum" des Mountainbikes ganz genau an, reichen seine Wurzeln über die Clunker von Schwinn sogar bis nach Deutschland am Ende des 19. Jahrhunderts.

1891 wanderte der Maschinist und Fahrradtechniker Ignaz Schwinn von Deutschland nach Chicago aus, um im „Land der unbegrenzten Möglichkeiten" seinen Traum von innovativen Fahrrädern zu verwirklichen. Um der motorisierten Konkurrenz etwas entgegenzusetzen, präsentierte Schwinn 1933 das „Balloon Tire Bicycle", auf dem später Gary Fisher und Co. die Dirt Roads in Marin County unter die Reifen nehmen sollten. Das „Streamline Aerocycle" bestimmte die nächsten Jahrzehnte über die Optik amerikanischer Alltagsräder. Zu einem echten Klassiker avancierte das Schwinn-„Excelsior". Single Speed, also ohne Gangschaltung, mit gemütlichem, breitem Lenker, 26-Zoll-Felgen und den fetten Reifen war das rollende 22,5-Kilo-Monster so gut wie unzerstörbar. Schnell eroberte das Rad die Herzen der fahrradfahrenden Bevölkerung Amerikas. Egal ob Zeitungsjunge, Student oder Fabrikarbeiter, Schwinn war in. Erst in den sechziger Jahren verdrängte die Dreigang-Konkurrenz das behäbige Ex-

Die Kettenschaltung machte aus Clunkern Mountainbikes.

Fat Tire Bike: Breite Reifen für Komfort und guten Halt auf jedem Untergrund.

celsior in Hinterhöfe und Schuppen mit altem Gerümpel.

Dort stöberten es die Bikeboys aus Marin County ein Jahrzehnt später wieder auf. Mit seinem langen Radstand, der bei hohen Geschwindigkeiten für ruhigen Lauf sorgte, und den dämpfenden Breitreifen war das Excelsior wie geschaffen für die wilden Ritte auf den Schotterpisten rund um den Mount Tamalpais.

Für Joe Breeze ist das Schwinn-„Excelsior" der direkte Vorfahre des Mountainbikes. 1994 wurden deshalb Ignaz Schwinn und sein Sohn Frank W. „für ihren Beitrag zum Mountainbike-Sport" in die Mountain Bike Halle of Fame aufgenommen. In seiner Würdigung unterstrich Joe Breeze vor allem die Verdienste Schwinns um die Mountainbike-ähnlichen Reifen: „Im Grunde die gleiche Reifenkonstruktion wie an den heutigen Mountainbikes. Hätte es Schwinns bergauf zu kaum mehr als eine Straßenlimousine bei der Rallye Paris – Dakkar. Komponenten, die für den Einsatz im Gelände ausgelegt waren, gab es noch nicht. Da war Erfindergeist gefragt.

Edel-Cruiser: Der Black Phantom von Schwinn im modischen Stromlinien-Design.

diese soliden, dämpfenden und griffigen Reifen nicht gegeben, wäre womöglich noch lange Zeit keiner auf die Idee Mountainbike gekommen." Für Millionen von Radfahrern sind die dicken Reifen inzwischen vielleicht der wichtigste Grund für die neue Freude am Fahren.

Bremsen und Schaltung – geländegängige Clunker

Die Bikerennen der Clunker-Cliquen in Kalifornien forderten ihren Tribut. Naben liefen heiß, Bremsen gaben ihren Geist auf, Gabeln brachen. Dazu taugten die schweren Schwinns bergauf zu kaum mehr als eine Straßenlimousine bei der Rallye Paris – Dakkar. Komponenten, die für den Einsatz im Gelände ausgelegt waren, gab es noch nicht. Da war Erfindergeist gefragt.
Die erste Änderung an den Downhill-Clunkern war eine geeignete Hinterradbremse. Doch das war gar nicht so einfach. Die haltbarsten Modelle wurden schon längst nicht mehr hergestellt.
Eine bahnbrechende „Tuning-Maßnahme" führte Gary Fisher 1974 durch, als er eine Hinterradnabe mit Trommelbremse und eine Fünf-Gang-Kettenschaltung an seinem Clunker montierte. Bergauf ließ er damit alle Skeptiker hinter sich.
Ziemlich abenteuerlich klingen auch die ersten Versuche mit Schalthebeln. Charles Kelly erzählt: „Anfangs benutzten wir gewöhnliche Rahmenschalthebel am Unterrohr, wie sie an Rennrädern zu finden waren. Doch dort waren sie schlecht zu erreichen. Einige Fahrer montierten sie deshalb am Vorbau, später dann am Lenker neben dem Bremshebel. Beide Schalthebel waren mit einer Zwinge befestigt, der vordere Schalthebel oben auf dem Lenker, der hintere unten. Geschaltet wurde mit einer Hand."
Der eigentliche Fortschritt beim Schalten kam, als Gary Fisher an einem billigen Damenrad einen Daumenschalthebel entdeckte. Er montierte ihn an sein Bike und hatte damit den ersten Vorläufer einer Mountainbike-Schaltung kreiert. Bald waren Daumenschalthebel Standard.
Ein weiterer Meilenstein war die schnell verstellbare Sattelstütze, bis heute ein wichtiges Kriterium für funktionelle Mountainbikes. Eines der größten Probleme bei den alten Clunkern lag darin, daß es nur eine Größe gab. So konnten die beiden „Langen" Gary Fisher und Charles Kelly nur mit weit herausgezogener Sattelstütze halbwegs vernünftig bergauf fahren. Ergebnis: Auf den Abfahrten verbogen die Stützen ständig. Also, rein damit, und zwar möglichst schnell! Modifizierte Laufrad-Schnellspanner oder Teile von Ergometern taten da prima ihren Dienst.
Die Downhill-Tauglichkeit verbesserten auch stabile Motorradlenker und -bremsgriffe

anstatt der eher gebrechlichen Clunker-Originalteile. Beim Abspecken der schweren Clunker halfen die Entwicklungen aus dem BMX-Sport mit. 26-Zoll-Felgen aus Aluminium der japanischen Hersteller Ukai und Araya sowie der 2.125er „Snake Belly"-Reifen von Cycle Pro drückten das Gewicht um sage und schreibe drei Kilo.

Breezer – der erste Mountainbike-Rahmen

Nun standen die Rahmenbedingungen für ein modernes Mountainbike, sprich die Ausstattung mit offroad-tauglichen Komponenten. Doch schon bald drohte der Nachschub an Rahmen zu versiegen. Die Excelsior-Rahmen waren einfach nicht dafür geschaffen, ständig auf holprigen Downhill-Pisten malträtiert zu werden. Also waren neuartige Rahmenkonstruktionen gefragt.
Joe Breeze hielt sich bei der Konstruktion seines ersten Breezer-Mountainbikes penibel an die Geometriedaten seines Schwinn-Excelsior (Sitzwinkel: 70 Grad, Steuerwinkel 67,5 Grad) aus dem Jahr 1937. „Das Rad war für unsere

Gestern: Das erste Breezer-Modell wog um die 17 Kilogramm.

Heute: Der Breezer-Lightning (9,4 Kilo) zählt zu den Leichtgewichten.

Zwecke einfach das stabilste und verfügte über das beste Handling", begründet Breeze seine Wahl. Eine ganze Weile noch blieben diese Geometriedaten von der Bikeindustrie unangetastet. Aus Columbus-Rohr fertigte er zwischen September 1977 und April 1978 zehn Rahmen mit zwei Zusatzstreben vom Steuerrohr bis zum hinteren Ausfallende. „Die brachten mehr Steifigkeit, obwohl ich leichteres Rohrmaterial verwendete." Cantilever-Bremsen aus dem Cross-Sport, Lenker und Stahlvorbau sowie eine Gangschaltung komplettierten das „nur" noch 17 Kilo schwere Breezer-Bike.

Bike-Design – schnelle Entwicklung

Ausgehend vom traditionellen Diamantrahmen-Design, nach

Rahmengeometrie gestern und heute

BREEZER NO. 1 1977		BREEZER LIGHTNING 1997	
Rahmenmaterial:	CroMoly	Rahmenmaterial:	D-Fusion CroMoly
Lenkwinkel:	67,5 Grad	Lenkwinkel:	71,5 Grad
Sitzwinkel:	70 Grad	Sitzwinkel:	73 Grad
Sitzrohrlänge:	559 mm	Sitzrohrlänge:	470 mm
Kettenstrebe:	470 mm	Kettenstrebe:	422 mm
Oberrohrlänge:	584 mm	Oberrohrlänge:	561 mm
Radstand:	1118 mm	Radstand:	1048 mm
Gewicht:	17 kg	Gewicht:	9,4 kg

Mittlerweile Standard: Mountainbike-Rahmen aus Aluminium.

Im Trend: Bikes aus Carbon mit extravagantem Design.

dem heute noch die meisten Straßenrennräder gebaut werden, haben sich auf dem Mountainbike-Sektor innerhalb von 20 Jahren die Rahmen in Material und Form verändert wie bei Fahrrädern noch nie zuvor. Konstrukteure aus der BMX- und Motorradszene puschten mit ihren neuen Designs die Mountainbikes ebenso wie die Verwendung von High-Tech-Materialien aus der Raumfahrt und dem Flugzeugbau. Setzten in den achtziger Jahren Aluminiumrahmen Maßstäbe in der Relation von geringem Gewicht und hoher Steifigkeit, so sind es heute Materialien wie Carbon, Titan oder Verbundwerkstoffe, die für Furore sorgen.

Funktionelle und solide Komponenten

Schaltungen

Kettenschaltungen mit anfangs 18, später 21 und dann 24 Gängen und Mini-Übersetzungen für Mega-Steigungen machten aus den Mountainbikes extrem steigfähige Bergspezialisten. Dabei ist das vordere Dreifach-Kettenblatt keine Mountainbike-spezifische Idee. Vor den Mountainbikes waren bereits Tourenräder mit der Dreifachgarnitur bestückt.
Worauf es bei Mountainbike-Schaltungen in erster Linie ankam, war die robuste Konstruktion. Die unangefochtene Marktführerschaft bei Mountainbike-Komponenten sicherte sich bereits zu Beginn des Bike-Booms in den achtziger Jahren das japanische Unternehmen Shimano. Keine andere Firma investierte so konsequent in die neue Branche und trieb die Innovationen so vehement voran wie der Komponentenhersteller aus Osaka. Maßstäbe setzte 1982 die erste Shimano Deore XT-Gruppe. Indexierte Schaltwerke, die auch unter Last auf steilen Anstiegen noch funktionieren, brachten das Mountainbike ab 1986 so richtig auf Erfolgskurs. „Hyperglide" lautete das neue Zauberwort für das von Shimano 1989 eingeführte System für schnelle und extrem weiche Gangwechsel an den hinteren Ritzeln.
Die Idee basiert auf speziellen Zahnkränzen, bei denen die einzelnen Zähne besondere Aufgaben übernehmen. So gibt es eigens geformte Abwerf- und Fangzähne, die den Schaltvorgang beschleunigen. Die Kette wird durch die Spezialzähne sanfter und schneller auf das angewählte Ritzel geführt. Das System wurde inzwischen immer weiter verfeinert und erweitert. „Interactive Glide" ist der Ausdruck für Shimanos Schaltsystem, bei dem Kassette, Kettenblätter, Kette, Schaltwerk und Umwerfer komplett aufeinander abgestimmt sind.
Mit Doppelschalthebeln verbesserten Shimano und Suntour 1989 den Schaltkomfort weiter. Der obere Hebel wirft die Kette auf ein kleineres Ritzel, der untere hebt sie auf ein größeres. Ein Jahr danach kamen Campagnolo und Sachs mit Drehgriffschaltern. Um den Gang zu wechseln, dreht man einfach in Motorradmanier am Griff. Die erfolgreichste Alternative zu Shimanos Daumenschalthebel brachte aber der amerikanische Hersteller Sram mit der

Flop: Biopace-Kettenblätter von Shimano sollten Kraft sparen.

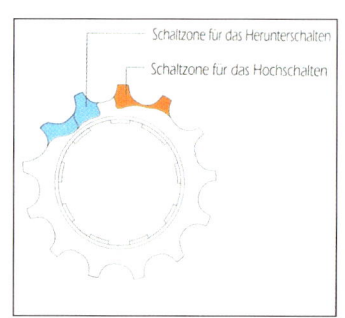

Hit: Das Hyperglide-System erleichtert die Schaltvorgänge.

Grip Shift-Schaltung mit einem drehbaren Schaltring am Lenker auf den Markt.

Bremsen

Nachdem sich in der Kombination mit Alufelgen Cantilever-Bremsen durchgesetzt hatten, blieben sie bis in die neunziger Jahre das Standard-Bremssystem. Die „Cantis" hatten sich schon im Querfeldeinsport

Bewährt: Cantilever-Bremsen waren lange Stand der Technik.

bestens bewährt. Durch jeweils zwei fest mit dem Hinterbau beziehungsweise der Gabel verlötete Sockel für die Bremsarme bietet das System eine gute Verwindungssteifigkeit und Bremskraft bei einfacher Montage. Wiederum der Innovationsfreudigkeit Shimanos war es zu verdanken, daß die herkömmliche Cantilever-Bremse 1995 vom deutlich bissigeren

Bissig: V-Brakes haben die Cantilever-Bremsen abgelöst.

V-Brake-System abgelöst wurde. Zwei verlängerte Bremsarme sorgen durch ein im Vergleich zur Cantilever-Bremse besseres Hebelverhältnis für deutlich mehr Bremskraft, ebenso die verlängerten Bremsklötze. Andere Mittelzug-Bremssysteme wie die Roller-Cam-Bremse oder die U-Bremse konnten sich nicht durchsetzen. Sie teilten mit der schweren und überhitzungsgefährdeten Trommelbremse von Fichtel & Sachs das Schicksal und verschwanden

Den Dreh´raus: Gripshift-Schalthebel.

vom Markt. Ganz anders das Hydrauliksystem von Magura. Wie bei Auto- oder Motorradbremsen überträgt statt eines Seilzuges Hydrauliköl in einer Druckleitung den Bremsimpuls. Neben den V-Brakes zählt die Hydraulikbremse noch heute zu den beliebtesten Bremssystemen.
Hydraulische und halbhydraulische Scheibenbremsen tauchten anfang der neunziger Jahre vermehrt auf. Inzwischen sind die Systeme funktionell und gewichtsmäßig ausgereift und bieten im Motorradstil eine Alternative zu den herkömmlichen Systemen. Gerade im Downhill-Sport haben sich die Scheibenbremsen bereits weitgehend durchgesetzt.

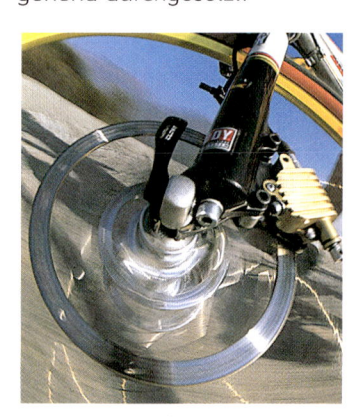

Wartungsarm: Scheibenbremsen kommen immer mehr.

Clickpedale

Rein und raus auf Click. Hakenlose Pedalsysteme haben für Mountainbiker ein neues Zeitalter eingeläutet. Rennfahrer-Legende Ned Overend bezeichnet sie als „die wichtigste Erfindung nach soliden Schaltungs- und Bremssystemen". Seit Anfang der neunziger Jahre dürfen Clickpedale an guten Mountainbikes nicht mehr fehlen. Wie so oft, wenn es um Komponenten geht, waren es die Ingenieure von Shimano, die dem Rest der Bikewelt zeigten, wo´s langgeht. Der Skibindungs-Hersteller Look hatte bereits 1984 hakenlose Sicherheitspedale für Rennräder präsentiert. Und einige Rennfahrer setzten sie sogar im Gelände ein. Höchste Zeit für Shimanos Produktmanager Shinpei Okajima, 1987 ein eigenes Mountainbike-Clickpedal zu entwickeln. Heraus kam ein Pedal mit beidseitigem Einrastmechanismus und dazu passenden Schuhen samt in der Sohle versenkter Pedalplatte – das SPD-System (Shi-

Praktisch: Clickpedale sorgen für eine feste Verbindung zur Kurbel und optimale Kraftübertragung.

mano Pedaling Dynamics). Ähnlich wie Skisicherheitsbindungen hat sich das System längst durchgesetzt. Die Vorteile liegen auf der Hand: Hat man den Dreh erst mal raus, hat man beim Aufsteigen innerhalb von Sekundenbruchteilen eine feste Verbindung zum Pedal. Beim Absteigen oder bei einem Sturz löst eine leichte Drehung des Fußes die Verbindung. Der enge Kontakt zum Pedal überträgt die Kraft beim Treten weit effektiver als Hakenpedale oder Bärentatzenpedale ohne Käfig: Man kann das Pedal auch ziehen und läuft nicht Gefahr, beim holprigen Downhill vom Pedal zu rutschen.

Federgabeln für mehr Komfort

Öl-/Luft-System von Rock Shox

Einen der prägendsten Fortschritte in der technischen Entwicklung des Mountainbikes läutete Rock Shox mit der ersten Federgabel ein. Als Paul Turner Ende der achtziger Jahre an seiner ersten RS-1-Gabel mit einem Öl-/Luft-Federsystem tüftelte, brach eine neue Ära an. Heute steht kaum noch ein hochwertiges Mountainbike ohne Federga-

Weichmacher: Federgabeln erhöhen den Fahrkomfort.

Mr. Rock Shox: Paul Turner.

bel in den Shops. Wie viele andere Innovationen, kam der komfortable Weichmacher aus der Motorradszene. Die geniale Idee stammt von „Mr. Rock Shox", Paul Turner. Ausgelacht hatte ihn die Branche, als er mit dem ersten serienreifen Modell 1989 auf der Fahrradmesse in Long Beach auftauchte. Inzwischen hat er Millionen von Dollar damit verdient. Heute macht sich niemand mehr über Gabeln mit Federbeinen lustig. Die Frage lautet inzwischen nicht mehr, ob man ein Mountainbike mit Federgabel bestückt, sondern diskutiert wird allenfalls noch über das beste Federungssystem. „Mit den Federungen hat sich der Spaß beim Mountainbiken verdoppelt", glaubt Turner. „Man wird nicht mehr durchgeschüttelt wie bei der Arbeit mit dem Preßlufthammer, und auch die Sturzgefahr hat sich verringert. Für 95 Prozent aller Fahrer geht es um nichts anderes." Das Basiswissen für seine bahnbrechende Erfindung holte sich Paul Turner in den siebziger Jahren auf zahllosen Motocross-Rennstrecken. Er fuhr selbst Rennen und arbeitete für seinen Bruder als Mechaniker. Als der seine Karriere beendete, schraubte Paul bis 1983 für das Team Honda. Dann tat er sich mit seinem Geschäftspartner Steve Simons zusammen. „Wir entwickelten Motorradgabeln. Aber an Fahrradgabeln verschwendete ich vor dem Jahr 1985 keinerlei Gedanken."
Doch als Paul 1986 auf Bikekonstrukteur Keith Bontrager traf, stand für ihn fest: „Mountainbikes brauchen eine Federgabel." In der kalifornischen Surfer-City Santa Cruz

hatte Bontrager, der schon früh hochwertige Bikes aus Stahl schweißte, seine Werkstatt gleich gegenüber von Paul Turner. Bei Keith recherchierte Paul die Rahmendaten für eine Mountainbike-Federgabel – und los ging´s.

Federung als „sanfte Sensation" gefeiert

Nachdem die Prototypen fertig waren, organisierte Partner Steve Simons die Produktion. 1989 lieferte Vertriebspartner Dia-Compe die ersten Exemplare aus. Schnell meldeten sich die ersten Profis wie Greg Herbold, John Tomac und Ned Overend. Für sie war rasch klar, mit der Federung sicherten sie sich klare Wettbewerbsvorteile im Kampf um die Bestzeit. Auch wenn die für heutige Maßstäbe deutlich zu schwere und zu lange RS-1 noch längst nicht ausgereift war und besonders die Dichtungen kaum ein

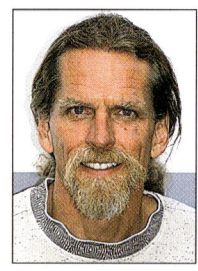

Federungs-Guru: Doug Bradbury.

paar Monate überlebten, wollten viele Renn- und Tourenfahrer bald nicht mehr vorn ohne antreten. „Das Nachfolgemodell Mag 20 brachte bereits eine Verbesserung um 200 Prozent" – so hart arbeitete Turner an den Verbesserungen für die nächste Federgabel-Generation.

Und als sich 1993 die legendäre Mag 21 als ein echter Verkaufsschlager entpuppte, schrieb Rock Shox erstmals schwarze Zahlen. Die Medien trieben die Entwicklung der Federgabel mit voran. Als „sanfte Sensation" feierte das deutsche Mountainbike-Magazin „bike" die erste Rock Shox-Gabel mit rund fünf Zentimeter Federweg und einstellbarer Härte.

Prominenter Tester: Downhill-Star Greg Herbold mit RS-1-Gabel.

Öl-/Luft-System: Die RS-1 von Rock Shox (unten) und die legendäre Mag 21 (oben).

Elastomer-System: Die erste Manitou-Federgabel von Doug Bradbury.

Elastomer-System von Manitou

Genauso wie Paul Turner kam auch der Erfinder des nächsten Federgabelsystems aus dem Motorsport. Kurz nach der Öl-/Luft-Gabel von Rock Shox begann Doug Bradbury in Colorado an der ersten Elastomer-Federgabel zu basteln. 25 Jahre Cross-Sport waren Doug ganz schön an die Knochen gegangen. „Die werden von einem halben Kilo Eisen

Vorteile von Federgabeln

- Mehr Komfort – deutlich geringere Belastung der Handgelenke und Arme
- Kraftersparnis
- Mehr Sicherheit durch bessere Kontrolle über das Bike
- Höhere Geschwindigkeit möglich
- Bessere Führung durch mehr Bodenkontakt des Reifens
- Geringere Gefahr von Felgendurchschlägen und Platten

zusammengehalten." Da kam ihm das Mountainbike als sportliche Alternative gerade recht. Mit seiner Motocross-Erfahrung begann er in seiner Garage schnell Rahmen nach seinen eigenen Vorstellungen zu schweißen. Und die benannte er nach seinem Heimatort „Manitou". Das gefiel den Leuten. Auf Rennen traf er bald Interessenten und baute seine ersten Rahmen für Geld. „Ich wußte von meinem ersten Rahmen an, daß die Federung fürs Mountainbike kommen würde", war Doug klar. Nur der Zeitpunkt stand für ihn noch nicht fest.
Als Rock Shox die RS-1 vorstellte, war dies das Startsignal für Bradbury. 1989 stiegen immer mehr Profis auf die Weichmacher um. Da legte er los. „Ich wollte von Anfang an keine Öl-/Luft-Gabel bauen. Biker wollen eine Spaßmaschine, kein technisch kompliziertes Gerät. Für mich kam deshalb nur ein Elastomer-System in Frage." Zu seinem ersten Prototypen sammelte Bradbury Stimmen. Dabei traf er auf John Parker, den Boss der Firma Yeti, der John Tomac im Team hatte. Zwei Monate vor der Weltmeisterschaft in Durango klingelte bei Bradbury dann das Telefon. Es war Parker: „Tomac will deine Gabel, du mußt ihm eine bauen." Doug schloß sich eine Woche in seiner Werkstatt ein. Danach überbrachte er Tomac persönlich das gute Stück. Zwei Wochen vor der WM meldete sich Parker nochmal. Er benötigt noch eine Gabel für Juli Furtado. Der Streß lohnte sich. Furtado wurde überlegen Weltmeisterin, und Tomac landete nach einem Platten noch auf Rang sechs. Auf der Bikemesse in Anaheim rannten die Interessenten dann Bradbury förmlich den Stand ein. Monatelang sah Doug nun kaum mehr als seine Werkstatt. Etwa 1400 Gabeln baute er in einem Winter. „Dann konnte ich die Dinger nicht mehr sehen." Doug merkte, daß ihm alleine der Job zuviel wurde. Der Motorradteile-Produzent Answer übernahm schließlich die Produktion und den Vertrieb der Manitou-Gabeln.

Fullsuspension – Federung total

Nach der Frontfederung war das Hinterrad dran. Fullsuspensions, vorne und hinten gefederte Räder, bilden seit 1990 die Triebfeder für Innovationen bei den Mountainbikes.
Ende des Jahres präsentierten die Firmen Boulder, Cannondale, Gary Fisher und Offroad Proflex erstmals Serienbikes mit gefederten Hinterbauten. Das Cannondale-System bestand aus einem drehbar gelagerten Hinterbau mit hochgezogenen Kettenstreben. Hinter der Verbindung von Ober- und Sattelrohr saß eine verstellbare Stahlfeder mit einem integrierten Öldruck-Stoßdämpfer. Auf das gleiche System setzte Offroad Proflex, verwendete als Dämpfer aber zwei Elastomer-Elemente.
Diese Modelle waren noch längst nicht ausgereift, und viele Biker hatten dafür vorerst nicht mehr als ein müdes Lächeln übrig. Doch die nächste bahnbrechende Erfindung ließ nicht lange auf sich warten. Ebenfalls noch 1990 verblüffte der vom Motorradsport kommende Horst Leitner mit einem neuartigen Federungssystem, das unabhängig von Antriebseinflüssen funktionierte – der Durchbruch. Eine Reihe von Herstellern orientierte sich in Zukunft an dem „Leitner-System", das der aus Österreich stammende Wahlkalifornier Leitner ausgeklügelt hatte.
Inzwischen ist eine Reihe von ausgereiften und gut funk-

Nicht nur für Downhiller: Bikes mit Vollfederung.

tionierenden Hinterbaufederungen auf dem Markt. Durchgesetzt haben sich vier Systeme:

Cannondale: Drehbar gelagerter Hinterbau mit Öldämpfer.

Proflex: Elastomer-Dämpfer an der Verbindung von Oberrohr und Sattelrohr.

Scott: Hochgezogene Kettenstreben lenkten das Federelement von Marzocchi an.

Eingelenker: Wartungsarme und robuste Konstruktion.

Dreigelenker: Dämpfer dient als tragendes Teil.

1. Eingelenk-System:
Hinterbau-Konstruktion mit nur einem Drehpunkt. Meist mit großen Lagern versehen und dadurch sehr robust. Mit Eingelenkern lassen sich ein gutes Ansprechverhalten und große Federwege realisieren. Entscheidend dafür ist die Lage des Schwingendrehpunktes, der bei vielen Modellen im Bereich des mittleren Kettenblattes liegt.

2. Dreigelenk-System:
Verfügt über Gelenke am Tretlager, am Federbein und an den Kettenstreben vor dem Ausfallende (Horst-Link). Sehr effektive Konstruktion, kaum Auswirkungen (Pedalrückschlag) auf den Antrieb. Nachteil: Seitliche Biegekräfte und starke Bremskräfte können zu Schäden am Dämpfer führen.

3. Viergelenk-System:
Aufwendiges Federungssystem mit vier Gelenken, das Hinterrad wird von einem Parallelogramm geführt. Sehr gutes Ansprechverhalten. Grosse Federwege lassen sich realisieren. Nachteil: Viele Gelenke erhöhen Preis, Gewicht und Wartungsaufwand.

4. Antriebsschwinge:
Das Tretlager ist in die Hinterbauschwinge integriert. Der Abstand von der Kurbel zum Ritzel bleibt immer gleich, unabhängig von der Federung. Nachteil der Antriebsschwinge: Federung funktioniert im Stehen schlechter als im Sitzen.

Down-hill-Bikes

Als Motor der technischen Entwicklung von Mountainbikes hat sich immer wieder der Downhill entpuppt. Das war anfangs in der Clunker-Ära beim legendären Repack-Rennen in Marin County so, und es hat sich kontinuierlich fortgesetzt. Innovationen, die ihre Wurzeln in der Motorradtechnik haben, sorgten gerade in den letzten Jahren für eine sprunghafte Verbesserung von Federungssystemen und Fahrwerken. Der Downhill hat sich inzwischen zur Formel 1 des Mountainbike-Rennsports gemausert. Denn in keiner Disziplin wird das Material härter beansprucht, und nirgendwo lassen sich konstruktionstechnische Vor- und Nachteile so schnell erkennen wie hier. Die Erfahrungen fließen auch in das Design weniger radikaler Serienbikes ein. So finden vollgefederte Touren- und Cross Country-Bikes immer mehr Anhänger. Mit ihren

Cruiser-Ahnen vom Mt. Tamalpais haben moderne Downhill-Bikes inzwischen nur noch sehr wenig gemeinsam. Satte Federwege und neuartige Rahmenkonstruktionen erinnern an Motocross-Maschinen. Zu den besonderen Kennzeichen der Downhill-Bikes zählen:
Federgabeln: Stabile Doppelbrückengabeln mit zwei Querstegen sind Stand der Technik. Mit Federwegen zwischen 15 und 20 Zentimetern, weicher Abstimmung und robuster Bauweise sind die Gabeln kompromißlos darauf ausgelegt, auch große Felsbrocken und Wurzeln bei hoher Geschwindigkeit zu schlucken.
Hinterbaufederung: Die gefederten Hinterbauten sind auf die Federgabeln abgestimmt und bieten ebenfalls um die 15 Zentimeter Federweg. Als Federungselemente greifen die Konstrukteure bevorzugt auf zwei Systeme zurück:

Motocross-Optik: Downhill-Bike für den Einsatz im Worldcup.

Öl/Luft-Dämpfer oder Stahlfedern mit Öldämpfer, bei denen eine robuste Spiralfeder die Federarbeit übernimmt.
Bremsen: Scheibenbremsen setzen sich bei Downhill-Rennen immer mehr durch. Ihr großer Vorteil: Sie funktionieren bei Matsch und Nässe unverändert gut.
Laufräder: Robuste, breite Felgen, stabile oversized Naben und Reifen mit mindestens 2,1 Zoll Breite und griffigem Profil überstehen auch harte Schläge bei hoher Geschwindigkeit.
Antrieb: Vorne reicht beim Downhill ein extra großes Kettenblatt, meist 46 bis 50 Zähne. Ein Kettenspanner sorgt dafür, daß die Kette nicht abspringt.
Lenker: Ähnlich wie Motorrad-Lenker sind Downhill-Lenker nach oben geschwungen. Die grosse Breite sorgt in extremen Situationen für bessere Kontrolle. Die hochgezogene Form und kurze, steile Vorbauten verhindern, daß der Pilot bei sehr scharfen Bremsmanövern ungewollt über den Lenker geht.
Pedale: Weit verbreitet sind inzwischen Bärentatzenpedale mit Clickeinsätzen. Sie bieten eine sichere Standfläche und gleichzeitig optimalen Halt.

Viergelenker: Kaum Antriebseinflüsse durch Federung.

Antriebsschwinge: Tretlager an der Hinterbauschwinge.

Fullsuspension Pro und Contra

+ Höherer Fahrkomfort
+ Höhere Fahrsicherheit (besserer Bodenkontakt)
+ Besseres Kletterverhalten (aufgrund besserer Traktion)
+ Besser für Downhill
+ Vollfederung entlastet die Komponenten (Laufräder, Sattelstütze)
+ Kraftersparnis (nur bei gelungenen Systemen)

- Höheres Gewicht
- Wartungsintensiver und verschleißanfälliger als Hardtails
- Schlechte Systeme schlucken Leistung

Worldcup — die internationale Siegesfahrt

Amerika blieb nicht lange einziger Schauplatz spannender Bikerennen. Von Europa aus eroberte der Worldcup-Zirkus die ganze Welt. Ein Elektronik-Konzern unterstützte die Rennen als erster internationaler Sponsor.

Seinen rasanten weltweiten Aufstieg hat der Mountainbikesport vor allem zwei Tatsachen zu verdanken: der Faszination, die er nach Amerika auch unter den Sportlern in Europa entfachte, und der Unterstützung des Elektronik-Konzerns Grundig. Die Firma stieg als erster Großsponsor in die neue Radsportdisziplin ein und schoß die Mittel für eine internationale Rennserie zu. Dabei half wie so oft der Zufall kräftig mit.

Während die Veranstalter von Mountainbikerennen in Amerika bereits regelmäßig Sieger kürten, dauerte es noch eine ganze Weile, ehe das Rennfieber auch bis nach Europa übergriff. Ab 1983 sollte sich das ändern. Langsam tauchten auch in Deutschland die ersten Serienbikes auf. Eines der ersten Mountainbike-Rennen fand damals in Garmisch-Partenkirchen statt.

Daß sich daraus fünf Jahre später der Worldcup entwickeln sollte, ahnte zu diesem Zeitpunkt noch keiner. Chester Fabricius, der in seinem Garmischer Radgeschäft gerade die ersten Mountainbike-Modelle an den Mann brachte, brütete zusammen mit seinem Freund, dem Sportstudenten Heini Albrecht, an einer bahnbrechenden Idee. Die Berge rund um seinen Wohnort waren wie geschaffen für ein Bikerennen. So fand noch im gleichen Jahr am Grasberg das erste Bergrennen statt. Prominente Starter wie Rallye-Weltmeister Walter Röhrl, Skiabfahrts Vize-Weltmeister Michael Veith und weitere Skiasse sorgten für ein ordentliches sportliches Niveau und noch mehr Publicity.

Eine Neuauflage des Rennens 1984 war deshalb schnell beschlossene Sache. Unter dem Namen „Deutschlandpokal" keuchte die Ski- und Crosssport-Prominenz diesmal den knackigen Uphill am Esterberg hinauf. Wie ein Lauffeuer machten die Geschichten vom Esterberg-Rennen nun die Runde. Als eine der ersten Fahrradfirmen engagierte sich Hercules im deutschen Mountainbike-Rennsport. Und sogar das Fernsehen berichtete. Die Veranstaltung gedieh prächtig. 1987 meldeten sich an die 800 Teilnehmer.

Fabricius und Albrecht sponnen ihre Ideen nun weiter. Ein einziges Rennen war nicht mehr genug. Im nächsten Jahr, so beschlossen sie für sich, wollten sie eine komplette Serie mit fünf Wettkämpfen

Mann der ersten Stunde: Worldcup-Organisator Heini Albrecht.

auf die Beine stellen. Auch einen Namen hatten die beiden dafür schon: „Alpencup". Auf der Suche nach Sponsoren öffnete Chesters Werbeagentur den Jungunternehmern in Sachen Mountainbike die Türen zur Vorstandsetage einer großen Brauerei. „Völlig unvorbereitet saßen wir mit den höchsten Tieren der Firma und den Chefs von zwei Agenturen an einem Tisch", erinnert sich Heini Albrecht an einen eher peinlichen Auftritt. „Natürlich fielen wir bei unserer Vorstellung mit Pauken und Trompeten durch."

Doch der Zufall wollte es, daß die beiden dennoch zur richtigen Zeit am richtigen Ort waren. Die Agenturleute nahmen die beiden beiseite und gab ihnen den entscheidenden Tip: „Versucht es doch mal bei Grundig. Die Firma sucht nach neuen Wegen im Sportsponsoring."

Schnell war ein Termin mit Dieter Schneider von der Marketingabteilung „Neue Wege" bei Grundig arrangiert. Diesmal hatten die Bikeorganisatoren ihre Hausaufgaben gemacht. Mit stichfesten Argumenten und spektakulären Bildern aus amerikanischen Bikezeitschriften gewappnet, überzeugten sie in der Fürther Konzernzentrale. Das Duo erhielt den Zuschlag für fünf Rennen. Nur mit dem Titel der Serie war Grundig nicht einverstanden. „Alpencup" wurde gestrichen, stattdessen sollten die Races unter dem deutlich anspruchsvolleren Titel „Grundig Challenge Mountainbike Worldcup" laufen.

Schon der Titel machte klar: Grundig wollte nicht kleckern, sondern klotzen. „Grundig

Werbemittel: Mountainbiken als junge, dynamische Sportart.

wollte das leicht verstaubte Old Fashioned-Image des Unternehmens und seiner Produkte bei der jugendlichen Zielgruppe abschütteln", erklärt Britta Semmler von der Agentur AMC, die Grundig im

Sportsponsoring vertritt. „Die Grundig-Geräte hatten zwar den Ruf technisch ausgereifter, zuverlässiger und solider Produkte, aber gleichzeitig galten sie auch als hausbacken und altmodisch." Zielsetzung war ein Facelifting des Fürther Elektronik-Riesen. Die Marke sollte ein jüngeres Image bekommen. Mit einem gezielten Sport-Sponsoring wollte die Firma auch bei der Jugend bald wieder zu den angesagten Marken gehören. Vor dem Engagement im Mountainbike-Sport hatte sich Grundig bereits für ein Engagement im Snowboarden entschieden. Um nicht nur in den Wintermonaten beim jungen Publikum präsent zu sein, entschloß sich das Unternehmen, analog zum Snowboard-Worldcup im Winter, im Sommer eine internationale Wettbewerbsserie für Mountainbiker ins Leben zu rufen. Und dazu war erst einmal ein ganzes Stück Pionierarbeit nötig. Internationale Verbände oder organisatorische Strukturen bestanden damals noch nicht. Und die bestehenden Radsportverbände waren immer noch allein auf den traditionellen Straßen- und Bahnradsport fixiert, wollten von Mountainbikern nichts wissen und gaben den Grundig-Organisatoren einen Korb. Aufgabe war es nun also, in eigener Regie die Voraussetzungen für attraktive internationale Wettbewerbe zu schaffen, das heißt, Sportler zu akquirieren, ein Reglement zu erstellen, Verhandlungen mit den Ausrichtern vor Ort zu führen, einen Ergebnisdienst einzuführen und die kommenden Ereignisse in den Medien publik zu machen.

Heini Albrecht, nun Technischer Direktor der Worldcup-Tour, machte sich mit Chester Fabricius daran, ein Reglement für die Großveranstaltung zu entwerfen. Daß man auch nach fünf Jahren Erfahrung im Deutschland-Pokal noch hinzulernen kann, merkten die beiden schon beim ersten Rennen. „Ein Paragraph im Reglement verbot den Gebrauch von Pedalhaken", lacht Albrecht heute darüber und schüttelt den Kopf. „Da war natürlich Streß mit den Fahrern angesagt." Doch die Organisatoren lernten dazu, setzten sich mit Athleten oder auch Vertretern des erfahreneren amerikanischen Verbandes NORBA zusammen, um die Statuten zu verbessern.

Die Bezeichnung „Worldcup" schien für fünf Rennen in Deutschland, Belgien, der Schweiz, in Österreich und Italien vielleicht noch etwas übertrieben. Auch die Starter kamen größtenteils aus Europa. Doch die Serie spiegelte den Anspruch der Organisatoren und Sponsoren wider, den Mountainbike-Rennsport künftig weltweit voranzutreiben.

In mühevoller Kleinarbeit überwand die Organisationscrew die Hürden und machte den Weg frei für die ersten internationalen europäischen Mountainbike-Wettbewerbe. Ausschlaggebend bei der Wahl der Gastgebernationen war weniger deren sportliche Qualifikation als vielmehr die Bedeutung des dortigen Unterhaltungselekronik-Marktes für Grundig.

Der Startschuß zur Grundig-Serie fiel am 4. Juni 1988 in

Tolle Typen, fliegende Kisten: Erster Worldcup am 4. Juni 1988 in Garmisch-Partenkirchen.

Garmisch-Partenkirchen zu einer Europa-Tour durch sechs Länder. Den Sieg sicherte sich genauso wie die Gesamtwertung im ersten und zweiten Worldcup-Jahr die Lokalmatadorin Susi Buchwieser vor ihrer Schwester Regina Stiefl.
Ebenfalls einen deutschen Sieg gab es bei den Herren. Hier hieß der erste Worldcup-Sieger Jürgen Eckmann aus Kirchzarten.
Die Auswahl der Austragungsorte erfolgte im ersten Jahr ganz klar nach praktischen Gesichtspunkten: So lag Garmisch-Partenkirchen als traditioneller Austragungsort des Deutschlandpokals nahe. In Spa/Belgien saß ein Bikemagazin, in Davos ein Fremdenverkehrschef, der selbst schon dreimal beim Deutschlandpokal Rennluft geschnuppert hatte. Kaprun war Grundig schon von Snowboard-Rennen im Winter vertraut. Und zum Finale in Torbole am Gardasee fand gleichzeitig der Windsurf-Worldcup statt, den Grundig damals ebenfalls sponserte.
Spannende und spektakuläre Rennen sowie professionelle Organisation und PR-Arbeit brachten den Worldcup nun schnell auf die Erfolgsschiene. Potentielle Vertreter von Veranstaltungsorten klopften an und bewarben sich für eine Austragung. Der Fürther Konzern hatte einen Volltreffer gelandet. So bestand der Grundig Challenge Cup 1989 bereits aus acht Veranstaltungen. Beeindruckt von der Leistung der Sportler und Veranstalter gab der internationale Radsportverband FIAC dem Worldcup-Zirkus 1991 seinen Segen. Nun war endgültig der Weg frei für die Worldcup-Fahrer, auch andere Kontinente zu erobern. Den Auftakt bildeten drei Rennen in den USA und ein Worldcup in Kanada. Erstmals verdiente die Serie tatsächlich das Prädikat „Worldcup". Nach Einführung einer zusätzlichen Downhill-Worldcup-Wertung 1993 gehören Cross Country und Downhill mittlerweile zu festen Größen im internationalen Radsportkalender. Grundig sei Dank, denn so kontinuierlich und steil wachsen konnte der Sport nur durch ein konsequentes und ununterbrochenes Sponsoring-Konzept. Mittlerweile tauchen selbst exotische Ziele wie Australien, Neuseeland, Südafrika und Japan regelmäßig im Worldcup-Kalender auf.

Deutsche Erfolge: Susi Buchwieser und Volker Krukenbaum.

Packende Rennen: Mike Kluge.

Marketing-Erfolg für Grundig.

„Grundig hat im Bikesport bewiesen, daß die Kombination aus Sport und Kommerz eine Formel für Erfolg bedeutet."

Hans Bartel,
Marketing-Director Grundig

Um die Rennen entsprechend zu promoten, hatte Grundigs Marketingagentur AMC von Anfang an eine generalstabsmäßige Informationskampagne geplant. Denn es war keineswegs so, daß die Öffentlichkeit oder die Medien auf diese Wettkämpfe warteten. Schließlich handelte es sich um keine offiziellen, von nationalen oder internationalen Verbänden sanktionierten Veranstaltungen. Eine effektive Presse- und PR-Arbeit sollte deshalb auf den Sponsor und die neuen Sportevents aufmerksam machen.

Und da nichts die Aufmerksamkeit so erregt wie Berichte im Fernsehen, übernahm AMC auch gleich die Produktion der TV-Bilder in eigener Regie. „Inzwischen werden

Cross Country: Ausdauer gefragt.

pro Veranstaltung bis zu 25 Fernsehstationen weltweit mit Beiträgen über die einzelnen Events versorgt", berichtet Britta Semmler von dem gelungenen Werbefeldzug in Sachen Mountainbike. Sogar Live-

ELEKRONIK-KONZERN BRINGT BIKESPORT AUF DIE ÜBERHOLSPUR

Die Grundig-Spiele

Britta Semmler von der Sportmarketing-Agentur AMC erklärt, wie im Falle Mountainbike-Sport und Grundig die Verbindung von Sport und Kommerz funktioniert.

Ist Grundig der Imagewandel durch das Engagement im Mountainbike-Sport gelungen?
Semmler: Heute ist es so, daß zum Beispiel der Mountainbike-Sport voll mit Grundig identifiziert wird. Das Engagement ist so erfolgreich, daß 1990 der Internationale Radsportverband Kontakt mit dem Unternehmen aufgenommen hat, um von dem Know-how eines Spezialisten für Unterhaltungselektronik in seiner ureigenen Sportart zu profitieren.
Was kam bei dieser Zusammenarbeit heraus?
Semmler: Als Resultat fand 1991 der erste offizielle Worldcup in Europa, USA und Kanada statt. Seither ist er fester Bestandteil im internationalen Radsportkalender. Von Jahr zu Jahr erreicht der Worldcup-Troß mehr Nationen.
Wie sehr hat Grundig den Worldcup mitgeformt?
Semmler: Der Weg, den Grundig im Sport-Sponsoring gegangen ist, sucht in Deutschland seinesgleichen. Das Unternehmen hat einen Event geschaffen, der voll in die Marketingstrategie des Hauses integriert werden konnte, der Firmeneigentum wurde, bei dem alle Rechte beim Sponsor lagen, auch das Recht, Co-Sponsoren mit ähnlicher Zielsetzung zu akquirieren und damit einen Pool zu schaffen, der das Grundig-Budget erheblich entlastete. Nicht zu vergessen auch sämtliche Fernsehrechte.

Übertragungen des Worldcups sind mittlerweile selbstverständlich.
Die internationale Anerkennung durch die Radsportverbände ermöglichte neben dem Worldcup 1990 die ersten offiziellen Weltmeisterschaften. Die Titel holten sich amerikanische Sportler, die das Renngeschehen jahrelang dominieren sollten. Im Cross Country gewannen Ned Overend und Juliana Furtado erstmals Gold, im Downhill Greg Herbold und die Kanadierin Cindy Devine.

RENNFAHRER, DIE GESCHICHTE SCHRIEBEN

Leitfiguren

Mit dem Worldcup wuchs rasch eine engagierte Profiszene heran. Eine Reihe von Ausnahmeathleten prägte durch ihre Leistung und ihren Charakter die Rennen und sorgte bei den Wettkämpfen für elektrisierende Hochspannung.

MISTER CROSS COUNTRY

Ned Overend

14 Jahre lang mischte Ned Overend im Cross Country-Rennzirkus ganz vorne mit. Mit allen Siegen in der Tasche, von denen ein Mountainbiker

Der Kämpfer: Ned Overend.

nur träumen kann, arbeitet er nach dem Ende seiner großen Rennkarriere als Bikedesigner und erfahrener Firmenberater.

Ned Overend steht für beispielhaften Kampfgeist, selbst in den härtesten Cross Country-Prüfungen. Seine Karriere begann 1984. „Das war irgendwo in Los Angeles. Ich hatte mir gerade ein Schwinn High Sierra zugelegt und mußte unbedingt testen, was bei diesen merkwürdigen Clunker-Races los war." Vorher hatte der Ausdauerspezialist vor allem Straßenrennen und Triathlons bestritten.

Für Ned hat sich im Laufe seiner Karriere viel verändert. „Früher waren die Races Hippie-Geschichten mit viel weniger Druck und Konkurrenzdenken. Jetzt sind große Sponsoren im Spiel. Es geht für Firmen und Fahrer ganz klar um big dollars."

Und um die konnte Ned schon immer fighten wie kein anderer: „Cross Country-Rennen sind für mich der Schmerz in Person. Du fährst los und leidest und schaust, wer vorne liegt – man muß sich nur mal die Gesichter der Rennfahrer ansehen. Doch so hart der Sport ist, so viel Befriedigung ziehe ich auch daraus." Seinen großartigsten Auftritt hatte Overend bei den inoffiziellen Weltmeisterschaften 1989 in Mammoth. „Nach zehn Minuten hatte ich schon einen Platten gefahren. 175 Fahrer rollten an mir vorbei. Ich lag hoffnungslos zurück. Irgendwann bemerkten die Zuschauer dann, daß ich aufholte und waren ganz aus dem Häuschen. In der letzten Runde hatte ich mich dann endlich auf Rang eins nach vorne gekämpft."

TOPVERDIENER MIT ALLROUNDTALENT

John Tomac

Er mischte schon 1986 in der US-Rennszene ganz vorne mit, leistete sich als erster Mountainbiker einen eigenen Manager und erhielt vor allen anderen Bikegrößen einen Sponsorenvertrag in Millionenhöhe – Superstar John Tomac.

Auch John Tomac hat mal klein angefangen - im wahrsten Sinne des Wortes. Bereits mit zehn Jahren lernte er auf den kleinen BMX-Bikes zu sprinten und zu springen. In seiner Rennkarriere entpuppte sich Tomac als wahrscheinlich bester Allround-Radsportler aller Zeiten. 1988 schickte er die Elite der amerikanischen Straßenfahrer mit einem sensationellen Sieg bei einem Ausscheidungsrennen um die Olympia-Qualifikation nach Hause und wurde sogar in die Nationalmannschaft der Strassenfahrer aufgenommen. Eine im heutigen Zeitalter der Spezialisten schier unglaubliche Leistung vollbrachte Tomac in seiner erfolgreichsten Saison 1991. Nicht nur, daß er die damals für Mountainbiker frevlerische Tat beging und für das Motorola-Straßenteam fuhr – nein, als wäre es ganz selbstverständlich, sicherte sich Tomac auch noch die Gesamtwertung im Cross Country-Worldcup. Im gleichen Jahr fuhr er den Vize-Weltmeistertitel im Downhill ein. Wenn es um Top-Resultate ging, war Tomac jahrelang eine sichere Bank. Entsprechend gutes Geld brachte er nach Hause. Keinem Fahrer vor

Extrem vielseitig: John Tomac.

ihm war es gelungen, sich auch nur annähernd so gut zu vermarkten.

Daß er auch Niederlagen wegsteckt wie ein echter Profi, zeigte Tomac 1997. Nachdem ihm in den Jahren zuvor kaum noch Top-Plazierungen gelungen waren, konzentrierte er sich voll auf den Downhill.

Das Ergebnis: typisch Tomac. Der fast 30jährige gewann den Worldcup in Kaprun und holte bei den Weltmeisterschaften in Chateau d´Oex erneut eine Silbermedaille.

LEBEN AUF DER ÜBERHOLSPUR

Thomas Frischknecht

13 Worldcup-Siege zwischen 1991 und 1996 – der SchweizerThomas Frischknecht gilt als der begnadedste Rennfahrer im Cross Country-Zirkus. Lediglich ein Weltmeistertitel war dem erfolgreichsten Worldcup-Fahrer bislang noch nicht gegönnt.

Thomas Frischknecht zählt zu den absoluten Dauerbrennern. Während andere Fahrer in ihrer Karriere Höhen und Tiefen durchlaufen wie in der Achterbahn, gleicht seine Laufbahn einem Langstreckenflug in großen Höhen, den nur Stürze und Verletzungen für kurze Zeit unterbrechen können. Und ähnlich wie Tomac zählt er zu den großen Allround-Radsporttalenten. Von seinem ersten Worldcup-Sieg 1992 in Holland, über den Vize-Weltmeistertitel im Quer-

Beständig: Thomas Frischknecht.

Worldcup-Chronologie

1987 Erstes Mountainbike-Testrennen in Garmisch-Partenkirchen.
1988 Grundig Challenge Mountainbike Worldcup: Erste international organisierte Mountainbike-Wettbewerbe mit insgesamt fünf Rennen in Europa. Hauptsponsor ist Grundig.
1989 Ausweitung des Grundig Challenge Mountainbike Worldcups auf acht Rennen in Europa.
1990 Ausweitung des Grundig Challenge Mountainbike Worldcups auf neun Rennen in Europa.
1991 Grundig/FIAC Mountainbike Worldcup: Erste offiziell vom Internationalen Amateur-Radsportverband FIAC (Federation Internationale Amateur de Cyclisme) anerkannte Worldcup-Serie mit neun Rennen (fünf in Europa, drei in USA, eines in Kanada).
Gleichzeitig Durchführung der Europaserie Grundig Mountainbike Challenge Cup mit fünf Rennen zusätzlich zu den europäischen Worldcup-Rennen.
1992 Grundig/UCI Mountainbike Worldcup: Nach dem Zusammenschluß der Dachverbände für Amateure und Profis zur UCI (Union Cycliste Internationale) erhält der Worldcup mit zehn Rennen (fünf in Europa, drei in USA, zwei in Kanada) einen neuen Verband als Dachorganisation.
Grundig Downhill Supercup: Erste internationale Downhill-Serie mit sechs Rennen (vier in Europa, zwei in Kanada).
1993 Grundig/UCI Downhill Worldcup:
Erste offiziell vom internationalen Radsportverband UCI anerkannte, reine Downhill-Serie mit insgesamt sechs Rennen (drei in Europa, zwei in USA, eines in Kanada).
1998 Downhill- und Cross Country-Wettbewerbe sind bei den Worldcup-Rennen gleich stark vertreten (je acht Rennen).

Auf der Erfolgsspur: Der Worldcup gastiert auf allen Kontinenten.

feldein 1997 und die Tatsache, daß er nach seinem Silbermedaillengewinn bei der Olympiapremiere in Atlanta auch noch das Straßenrennen bestritt, hat er stets bewiesen: Wenn es darauf ankommt, läuft „Frischi" präzise wie ein Schweizer Uhrwerk. Und das tickt in der Familie Frischknecht nun schon in der zweiten Generation. Thomas Vater Peter war als Querfeldein-As ebenfalls immer Favorit, wenn es um die Vergabe von Medaillen ging. Zwei Bronze- und drei Silbermedaillen bei Weltmeisterschaften haben den Sohn inspiriert und motiviert. Nach der Geburt seines eigenen Sohnes Andri 1994 gab auch die eigene Familie Thomas Frischknecht nochmals zusätzlichen Antrieb: „Ich fahre nun nicht mehr nur für mich alleine, sondern auch für meine Familie."

DIE QUEEN IM CROSS COUNTRY

Juli Furtado

Ein halbes Jahrzehnt war sie die unangefochtene Königin der Cross Country-Kurse. Mit 28 Worldcup-Siegen zwischen 1991 und 1996 beherrschte Juli Furtado ihre Konkurrenz wie keine andere Rennfahrerin.

Energiebündel: Juli Furtado.

Ihre kometenhafte Karriere hat das Girl aus Durango ihren Stürzen als jugendliche Skirennläuferin zu verdanken. Ihre Knie hielten die Belastungen beim Skifahren nicht mehr aus. Da stieg sie aufs Mountainbike um. Daß an ihr künftig keine Konkurrentin mehr so leicht vorbeikommen sollte, bewies sie 1990, als sie sich am Beginn ihrer Profikarriere als 23jährige in Durango gleich den Weltmeistertitel holte. Im Jahr darauf zeigte sie, daß sie es wie früher auf Skiern immer noch verdammt schnell laufen lassen kann und wurde Downhill-Weltmeisterin. Damit entpuppte sie sich als mutige und fahrtechnisch exzellente Allrounderin à la John Tomac. Im Cross Country-Worldcup sicherte sie sich zwischen 1993 und 1995 gleich dreimal in Folge die Gesamtwertung. Einzig ihr Traum von einer olympischen Goldmedaille ging nicht in Erfüllung. Nach extremen Höhen und Tiefen in der Saison 1996 trat sie 1997 vom Rennsport zurück. Ärzte hatten ihr aufgrund einer langwierigen und komplizierten Autoimmunkrankheit dazu geraten.

UMSCHWÄRMT WIE EIN POPSTAR

Missy Giove

Die Kultfigur der neunziger Jahre – Missy Giove verblüfft mit ihrem radikalen Fahrstil und ihrem Outfit stets aufs neue. Nach ihren wilden Jahren ist sie zur führenden Persönlichkeit im Frauen-Downhill gereift – nicht nur sportlich.

Nase und Ohren ordentlich gepierct, den Schopf mal zur bunten Mähne gefärbt, mal mit Halbglatze – als Bedienung in einer Punkkneipe würde Missy kein bißchen auffallen. Wenn sie nach dem Rennen ihren Vollvisierhelm abnimmt, tut sie das dafür umso mehr. Ihr Fahrstil gleicht ihrem Äußeren aufs Haar: radikal und ohne Kompromisse. „Hop oder top, Sturz oder Sieg", das waren für den weiblichen Superstar der Szene lange Zeit die einzigen Alternativen. Der Preis für ihre Alles-oder-Nichts-Mentalität waren

Superstar: Missy Giove.

Hochachtung der Konkurrenz und der Fans vor dem kleinen Energiebündel, aber auch immer wieder schwere Verletzungen. Die hat Missy allerdings genauso entschlossen weggesteckt wie Niederlagen nach Stürzen. Ihre Erfahrung, die sie in der „Amazon Foundation" an junge weibliche Downhill-Talente weitergibt, hat sie inzwischen gelehrt, mit einem Tick mehr Überlegung auf die Kurse zu gehen. Und das hat sich prompt ausgezahlt. 1997 holte sie sich den Worldcup-Gesamtsieg.

DOWNHILL-DAUERBRENNER

Regina Stiefl

1993 und 1995 holte sie sich den Worldcup-Gesamtsieg im Downhill – keine deutsche Mountainbikerin ist länger dabei und stand so oft

**auf dem Siegertreppchen wie Regina Stiefl.
Die Grainauerin schrieb ein Stück Worldcup-Geschichte.**

Wie viele Athleten zu Beginn des Mountainbike-Worldcups, kam Regina Stiefl eigentlich aus einer anderen Sportart. Als Jugendliche hatte sie den Sprung in den Ski-Nachwuchskader geschafft. Die Geburt ihrer beiden Töchter Kathrina und Alena unter-

Die Entwicklung im Profisport sieht sie inzwischen durchaus kritisch: „Wer im richtigen Team ist und das richtige Bike fährt, steht zu 70 Prozent auf dem Siegertreppchen. Fahrer ohne Top-Ausrüstung haben kaum noch eine Chance." Trotzdem reizte sie die Herausforderung Worldcup auch zehn Jahre nach ihrem ersten Worldcup-Rennen immer noch. Nach einem Jahr Pause in der Saison 1997 plante Regina 1998 ihr Comeback.

Crosser aus verbandspolitischen Gründen 1984 und 1988 die Olympischen Spiele verpaßt hatte, verzog sich Kluge erstmal für ein Jahr

Abfahrerin: Regina Stiefl spezialisierte sich auf Downhill-Rennen.

Publikumsliebling: Mike Kluge.

brach ihre Karriere gleich zweimal. Doch nur Heim und Herd, das war nichts für Regina. Kein Wunder, schließlich stammt sie aus Garmisch-Partenkirchen, der Wiege des Worldcups. Da mischte sie zusammen mit ihrer Schwester Susi Buchwieser gleich von Beginn an im Kampf um die Siegerplätze mit – und das sowohl im Cross Country als auch im Downhill. Nach einer Knieverletzung 1993 konzentrierte sich Regina Stiefl wegen des Trainingsrückstandes voll auf die Disziplin Downhill – mit Erfolg. Prompt lag sie am Ende der Saison in der Worldcup-Gesamtwertung an erster Stelle. Ein Triumph, den sie 1995 wiederholte.

MIKE THE BIKE
Mike Kluge

Profisportler, Sunnyboy und Geschäftsmann – keinem anderen deutschen Mountainbiker gelang es, bei den Rennen so viele Fans zu begeistern wie Mike Kluge.

Mike Kluge kann seine Herkunft nicht verleugnen. Seine Berliner Schnauze ist genauso wie sein Fahrstil: frech, respektlos, aber stets steckt auch was dahinter. Nicht umsonst holte er sich dreimal die Krone des Querfeldein-Weltmeisters. Nachdem er als

nach Amerika. Er hatte eigentlich die Nase voll vom Radsport. Doch dort entdeckte er eine neue Herausforderung, das Mountainbike. Das Comeback gelang. In seiner ersten Saison sackte er auf Anhieb den Titel des Worldcup-Gesamtsiegers ein.
Durch sein stetes Gespür für einen Schuß Showbiz, selbst im härtesten Wettkampf, eroberte er die Herzen der Fans. Kein anderer der deutschen Mountainbiker hat es bislang geschafft, für eine so große Anhängerschar zum Idol zu werden wie er.
In seiner neuen Wahlheimat Freiburg baute sich Kluge neben dem Rennsport ein zweites Standbein auf. Er gründete eine eigene Bikemarke. Auch wenn nach 1996 die großen Erfolge für Kluge ausblieben und er sein Traumziel, eine olympische Medaille, trotz großem Aufwand nie erreichte, hat Kluge eines nie verloren: die Sympathie seiner Fans.

Vollgas-Klassiker – Mammoth Kamikaze Race und Downhill Kaprun

Highspeed und Riesenstimmung – keine anderen Rennen haben über die Jahre so viel Racer und Zuschauer angezogen wie die spektakulären Downhill-Rennen im kalifornischen Mammoth und im österreichischen Kaprun.

Das erste regelmäßig ausgetragene Bikerennen war das Repack Downhill Race in Fairfax, Kalifornien. Zwischen 1976 und 1984 war der legendäre Mount Tamalpais 25mal Schauplatz ebenso kurioser wie rasanter Rennen. Sechs Fahrer gingen beim ersten Downhill 1976 an den Start, knapp 100 waren es bei der letzten Veranstaltung im März 1984. Dieses Rennen lief bereits als regulärer und legitimer Wettkampf unter dem Dach der National Off-Road Bicycle Association (NORBA), aber die Größe und damit verbundene öffentliche Aufmerksamkeit, die die Veranstaltung auf sich zog, bedeuteten auch ihr Ende. Die Strecke lag ziemlich abgelegen, und die Grundstückseigentümer wußten lange Zeit kaum, was da auf ihrem Gelände vor sich ging. Aber dann stand plötzlich darüber etwas in den Zeitungen, und es war unmöglich, den Kurs länger geheim zu halten. Das Aus für Repack. „Die meisten Leute aus unserer Biker-Clique in Fairfax dachten damals, das sei das sichere Ende des Downhill-Rennsports", erläutert Charles Kelly die Auswirkungen des Rennverbotes.

Doch schon seit Jahren spukte eine Idee in den Köpfen der Repack-Racer. Wie es wohl wäre, ein solches Rennen im Sommer in ein Skigebiet zu verlegen? Schließlich gab es dort Lifte auf die Gipfel, mögliche Organisatoren, die an schnelle und riskante Sportarten wie Skiabfahrtslauf gewöhnt waren, und immer auch Schotterstraßen, die zum Gipfel führten. Allerdings zählten Anfang der achtziger Jahre Downhill-Rennen längst noch nicht zu jener Sorte Sport, die große Anerkennung genießt. So dachte der internationale Radsportverband UCI nicht im entferntesten daran, diese verrückten Downhiller ernst zu nehmen. Doch mit einem Telefonanruf im Jahr 1985 bekam der Downhill stärkenden Rückenwind. „Ich erhielt einen Anruf von Don Douglass, dem Besitzer von Plumline, einer Firma für Radzubehör", erinnert sich Charles Kelly. „Er hatte vom Mammoth Ski Resort die Erlaubnis erhalten, ein Downhill-Rennen auf die Beine zu stellen. Da es außer mir kaum einen gab, der Erfahrung in der Organisation einer solchen Veranstaltung hatte, forderte er mich auf, mitzumachen." Kelly fand den Namen „Mammoth Kamikaze" Klasse und schlug ein. „Als ich in Mammoth ankam, glaubte ich an einen Traum. Die Strecke war zweimal so lang wie Repack, bot mehr als doppelt so viel Gefälle und natürlich auch einen Gondellift zum Start", gerät Kelly noch heute ins Schwärmen. Fünf bis sechs Trainingsläufe an einem Nachmittag waren da locker drin. Der Charakter der Strecke war ganz anders als der des Repack-Kurses mit den sich endlos windenden Kurven. Mammoth, das bedeutete lange, gerade Abschnitte mit extremen Spitzengeschwindigkeiten: bis zu 80, heute mit High-Tech-Fullsuspensions sogar 100 Kilometern pro Stunde. Ein weiterer Unterschied bestand in der viel professionelleren Organisation.

Böser Sturz zum Auftakt

Kelly selbst übernahm aufgrund seiner Erfahrung den Part des Starters. „Alles, was ich von dem ersten Rennen mitbekommen habe, waren die ersten Meter, bis die Fahrer hinter der nächsten Kurve verschwunden waren." Den Rest des Rennens sah der Bikepionier erst auf Video. Bei der Ansicht des Tapes wurde Kelly ein verhängnisvoller Fehler klar. Die Strecke endete auf einem geteerten Parkplatz am Ende der Schotterstraße. Alles ging gut, bis der schnellste Qualifikant, ein Local, auf das Ziel zuschoß. Der Racer war mit Abstand der Schnellste, und alles deutete darauf hin, daß er sich den Sieg holen würde, wenn er sich nur auf seinem Bike halten und über die Ziellinie retten würde. Doch es kam anders. Auf der losen Sandschicht über dem Teer verlor er die Kontrolle über sein Bike und landete auf dem Gesicht. An die zehn Meter rutschte er so dahin, bis er ein Parkwärterhäuschen rammte. Als sich der Fahrer benommen aufrichtete, lief Blut über sein Trikot. „Ich dachte, das wäre endgültig das Ende aller Downhill-Rennen", befürchtete Kelly Schlimmes. „Doch ich hatte die Fah-

Mit 100 „Sachen" ins Tal: Mammoth Kamikaze Race.

rer unterschätzt. Sie waren bereit, mehr einzustecken, als ich dachte." Der Verletzte erholte sich wieder von seinen Wunden, und Downhill ist trotz weiterer Stürze inzwischen als von den Verbänden anerkannte und in den Medien beliebte Disziplin aus der Radsportszene gar nicht mehr wegzudenken.

Schotter-Autobahn: Jagd nach der Bestzeit.

> „Ich hatte die Fahrer unterschätzt. Sie waren bereit, mehr einzustecken, als ich dachte."
>
> Charles Kelly

Kaprun – Familientreff der Racer aus aller Welt

Was das Mammoth Kamikaze-Rennen für Amerika, ist in Europa das Downhill-Rennen in Kaprun. Gut 650 Starter heizten 1996 die Piste vom Maiskogel hinab. Und auch wenn seit 1997 die Worldcup-Regeln die Starterzahl limitieren und reine Hobbypiloten kaum noch eine Chance auf einen Startplatz haben – kein Rennen zieht so gut wie der österreichische Abfahrtsklassiker. Seit Beginn des Grundig Worldcups 1988 steht Kaprun jedes Jahr auf dem Veranstaltungskalender. Das hat sonst kein anderer Ausrichter geschafft. Der Amerikaner und Altstar Greg Herbold beschwört den Mythos von Kaprun: „Auch wenn der Worldcup für die Top-Leute heute knallharter Profisport ist, hier trifft sich jedes Jahr eine große internationale Rennfahrer-Familie. Davon lebt der Sport."
Kaprun kann nicht nur die längste Tradition vorweisen, sondern wartet auch mit der längsten Strecke im Worldcup auf: 6,8 Kilometer mit 804 Metern Höhenunterschied. Dafür ist der kleine Ort bei

Volksfest: Hohe Zuschauerzahlen in Kaprun.

den Bikern beinahe so berüchtigt wie die Kitzbüheler „Streif" in Skifahrerkreisen. „Als ich zum ersten Mal hier war, ging´s noch durch Hinterhöfe, um Hundehütten und über Treppen. Jeder fuhr irgendwie anders, um ins Ziel zu kommen", schmunzelt Herbold. Und Deutschlands Superstar auf dem Vollgas-Bike, Jürgen Beneke, wischt sich den Schweiß von der Stirn: „Bei meinem ersten Rennen mußten wir auf dem Schlußstück noch zwei Minuten lang wie verrückt kurbeln. Heute würden sie dich wegen einer solchen Strecke steinigen. Die meisten Downhiller würden ihr Rad verkaufen, wenn sie auf der damaligen Strecke mit Cross Country-Einlagen antreten müßten."
Seitdem hat sich eine ganze Menge geändert: „Ein starker Kurs mit einem guten Geländemix aus Speed- und Technik-Passagen", faßt Greg Herbold zusammen. Die Siegerzeiten spiegeln den Wandel der Strecke und den Fortschritt der Technik wider. Lagen die Zeiten anfangs um die 13 Minuten, schießen die schnellsten Racer heute in rund sieben Minuten ins Tal.

Medaillenjagd – olympisches Gold in Atlanta

Bei den Spielen 1996 in Atlanta feierte das Mountainbike seine Olympia-Premiere – in Rekordzeit. Denn keine andere Sportart zuvor hat sich diese höchste sportliche Auszeichnung so schnell verdient.

Als 1993 das Internationale Olympische Komitee (IOC) Mountainbiken auf die Liste der olympischen Sportarten setzte und Cross Country in die Wettbewerbsliste von Atlanta aufnahm, wurde auch den letzten Kritikern klar: Mountainbiken ist mehr als nur spaßige Freizeitbeschäftigung auf zwei Rädern. Mountainbiken ist auch Leistungssport und braucht den Vergleich mit anderen Disziplinen künftig nicht mehr zu scheuen. „Cross Country war für uns erst mal die wichtigste Disziplin. Es ist vielseitiger als Downhill, und außerdem können mehr Länder daran teilnehmen", begründete der damalige UCI-Präsident Hein Verbruggen die Entscheidung. Um die Mountainbiker ins olympische Programm zu hieven, hatte der Radsportverband das 100-Kilometer-Team-Zeitfahren gestrichen. Im Bemühen um moderne, attraktive Sportarten bei Olympia war das sicher ein Schritt nach vorne, den auch die Medien mit Nachdruck gefordert hatten. Den amerikanischen Fernsehgiganten war das Zeitfahren nicht telegen genug.

Wie sehr die Athleten darauf gewartet hatten, verdeutlichte damals Deutschlands Worldcup-Star Mike Kluge: „Die Entscheidung war längst überfällig." Das IOC trug der geradezu explosionsartig wachsenden Popularität des Mountainbikens Rechnung.

Am 30. Juli 1996 war es dann soweit. 80 der schnellsten Biker und Bikerinnen aus aller Welt gingen in Conyers bei Atlanta auf Medaillenjagd. Angefeuert von 40 000 Fans, lieferten sie sich eine Hitzeschlacht um das begehrte Gold. Bart Brentjens, der holländische Weltmeister von 1995, liebt solche Rennen. Dem zweitplazierten Schweizer Thomas Frischknecht nahm er sagenhafte zwei Minuten und 39 Sekunden ab und rollte als erster Olympiasieger in der Geschichte des Mountainbikens über die Ziellinie des Georgia Horseparks. Brentjens: „Es war unfaßbar, ich kann den Jubel gar nicht beschreiben." Licht und Schatten lagen dicht beieinander. Nach einem Kettendefekt schied Mike Kluge aus. Eine ziemlich bittere Enttäuschung für die deutsche Medaillenhoffnung. Düstere Vorahnungen plagten auch die Kanadierin Alison Sydor bereits am Start. Die Tagesform der Gold-Favoritin bei den Frauen reichte nicht zum Sieg. Statt Sydor war nun die Italienerin Paola Pezzo die Anwärterin auf Gold. Doch auch sie hatte Probleme. Sie stürzte in der ersten Runde. „Nach dem Crash dachte ich, das Rennen sei für mich gelaufen", sagte sie später. Doch die blonde Modellathletin rappelte sich wieder auf, kämpfte und rollte mit einer komfortablen Minute Vorsprung ins Ziel. „Ich bin völlig geschockt", lautete ihr spontaner Kommentar zu Gold, weil sie noch gar nicht begriffen konnte, was sie da gerade vollbracht hatte. Hohe Erwartungen hatten auch die Sponsorfirmen und Funktionäre in den ersten Auftritt der Mountainbiker bei Olympia gesetzt. Eine enttäuschende Berichterstattung im Fernsehen dämpfte die Euphorie allerdings. Bis auf die Goldmedaillengewinner und ihre Sponsoren war die Olympia-Premiere eben doch nur ein großes Rennen – nicht mehr und nicht weniger. Die Supershow blieb zwar aus, aber immerhin hatte der Mountainbike-Sport endlich mal die Gelegenheit, sich prominent einem weltweiten Pubikum zu präsentieren.

Goldener Reiter: Der Holländer Bart Brentjens holte sich die erste Goldmedaille in der Geschichte des Bikesports.

OLYMPIASIEGER BART BRENTJENS

Goldjunge

Dem „fliegenden Holländer" Bart Brentjens gelang, wovon wohl jeder professionelle Mountainbike-Racer geträumt hatte. In Atlanta holte er die erste olympische Goldmedaille – die Früchte eines erfolgreichen Familienunternehmens.

Als Bart Brentjens seiner Frau Petra das Ja-Wort gab, bedeutete das für den Holländischen Meister auch sportlich einen Schritt nach vorne. Petra ist die Schwägerin des ehemaligen Tour des France-Profis Gert-Jan Theunisse. Der erkannte schnell, daß Bart das Zeug zum Überflieger hatte. Dritter war Brentjens bei den Weltmeisterschaften 1994 in Vail (USA) geworden. Und Theunisse war überzeugt: „In Bart steckte immer noch Potential, sich zu verbessern, während die anderen ihr Limit schon erreicht haben."

Gesagt, getan – mit der Hilfe des neuen Trainers holte sich Bart Brentjens 1995 den Weltmeistertitel. Die Taktik des Duos: Die Kräfte gezielt einsetzen und sich auf die wichtigsten Rennen konzentrieren. Das nächste Planziel des Gespanns hieß Olympia.

Mit seiner Frau Petra als Masseurin und ihrer Schwester Lieske als Managerin für die Reisen zu den Rennen arbeitete das Familienunternehmen Brentjens-Theunisse generalstabsmäßig auf den Erfolg hin. Neben der Fitness päppelte Gert-Jan Theunisse das Selbstvertrauen des sensiblen Bart auf. In der harten Vorbereitung war Brentjens immer wieder kurz davor gewesen, von der Last des Trainings schier erdrückt zu werden. Doch je näher die Spiele kamen, umso stärker fühlte er sich. Die Rechnung, genau am Tag X topfit zu sein, ging auf. Brentjens: „Auf dem letzten Kilometer realisierte ich, das ist der Olympiasieg. Ein irres Gefühl. Ich war durch die Hölle gegangen und bekam dafür jetzt die Auszeichnung." Die erhielt er nach dem Medaillengewinn auch ganz offiziell vom niederländischen Königshaus. Für seine Verdienste um den Sport wurde „Sir Bart" ehrenhalber zum Ritter geschlagen. Finanziell vergoldete Brentjens neuer Sponsor Specialized den Erfolg mit einem Millionen-Vertrag und setzte den Star auf ein goldfarben lackiertes Bike.

OLYMPIASIEGERIN PAOLA PEZZO

Bike-Cinderella

Charmant und rasant – Goldmedaillengewinnerin Paola Pezzo fällt nicht nur durch Leistung auf. Doch für die Italienerin zählen auf dem Bike allein die Ergebnisse.

Sammelt Gold: Olympiasiegerin und Weltmeisterin Paola Pezzo.

„Zuhause in Italien hat mich vor allem mein Reißverschluß bekannt gemacht", stellte Paola Pezzo nach ihrem Olympiasieg mit ziemlich grimmiger Mine fest. Die Bilder gingen um die Welt: Das Golden Girl hatte in der Hitze des Medaillenkampfes den Reißverschluß ihres Trikots bis zum Anschlag nach unten gezogen. Viel war zu sehen, noch mehr zu erahnen.

Dabei paßt das offenherzige Auftreten eigentlich gar nicht in das Selbstbild der ehrgeizigen Spitzensportlerin. „Ich will, daß die Leute wegen meiner Leistung klatschen, nicht wegen meines Aussehens", kritisiert Pezzo. Als Teenager hatte sie sich nie danach gesehnt, einmal von den Medien zur Bike-Diva gekürt zu werden. Nach dem Junioren-Vizeweltmeister-Titel im Skilanglauf verpaßte sie den Sprung in die Nationalmannschaft. In der sportlichen Krise kam das Mountainbike, das ihr 1989 ein Freund schenkte, gerade recht. 1990 fand sie sich doch im Nationalteam wieder, bei den Bikern. Nach dem Weltmeistertitel 1993 und dem Sieg bei der Europameisterschaft war das Mädchen aus Boscochiesanuova bei Verona total ausgepowert. „Erst die Aussichten auf eine Olympia-Teilnahme weckten in mir neue Begeisterung."

Unbändiger Wille und der ehemalige Radprofi Paolo Rosala als Trainer brachten Pezzo wieder auf die Siegerstraße. „Meine Goldmedaille war die Rache dafür, daß ich bei der Auswahl für die Ski-Nationalmannschaft übergangen worden bin", sagt Pezzo. Und die goldenen Zeiten für die entschlossene Italienerin sind noch nicht vorbei. Im Worldcup 1997 dominierte sie mit für die Konkurrentinnen fast schon beschämender Souveränität, genauso bei den Weltmeisterschaften. Dort holte sie sich das nächste Gold – im goldenen Renndress und diesmal mit brav geschlossenem Reißverschluß.

Massenbewegung – Marathons und Touren

Immer mehr Biker entdecken die Lust an Marathons und ausgedehnten Touren. Immer mehr Wettbewerbe und immer höhere Teilnehmerzahlen spiegeln den Volkssport-Trend der neunziger Jahre wider.

Egal, ob Deutschland, Österreich, Schweiz, Italien, egal ob Alpen oder Mittelgebirge, die Marathonwelle hat in den neunziger Jahren alle erfaßt. Und sie wird immer größer. Beim Marathon-Klassiker „Grand Raid Cristalp", der Mutter aller Marathons, können sich Biker inzwischen glücklich schätzen, wenn ihnen nach Monaten in der berüchtigten Warteschleife endlich die Teilnahmebestätigung in den Briefkasten flattert. Um die heiß begehrten Startplätze unter Tausenden von Bewerbern aufzuteilen, mußten sich die Cristalp-Organisatoren sogar ein ausgeklügeltes Auswahlsystem einfallen lassen. Und das, obwohl hier 4500 Startplätze zur Verfügung stehen.

Massenstart: Mit dem ersten Grand Raid Cristalp-Marathon begann ein neuer Trend.

„Es fehlte noch ein ganz großes Ereignis."

Jean Michele Colson, Organisator Cristalp-Marathon

„Ende der achtziger Jahre gab es zwar schon Mountainbike-Rennen, aber es fehlte noch ein ganz großes Ereignis", kommentiert Cristalp-Organisator Jean Michele Colson die Anfänge der Ausdauerbewegung. „Ein großes Rennen mußte her, das Spitzenfahrern wie Hobbyathleten die Möglichkeit gibt, sich miteinander zu messen und vor allem die eigenen Grenzen zu erfahren." So fiel nach dem Vorbild des berühmten Engadiner Skimarathons am 16. August 1990 der Startschuß zum ersten „Grand Raid Cristalp", dem „längsten Mountainbike-Rennen der Welt". Die Idee hatte sich wie ein Lauffeuer verbreitet. 607 Teilnehmer gingen auf die 131 Kilometer lange Strecke von Verbier nach Grimentz. Ein Jahr später waren es schon 1800. Das Rezept aus Massenveranstaltung und einzigartigem Erlebnis in einer faszinierenden Berglandschaft war aufgegangen.

„Wahnsinn, wir werden mit Meldungen geradezu überschüttet", belegt auch Andy Vetsch, Organisator und Mitbegründer des Swiss Bike Masters, den Trend. Zu einer der größten Marathonveranstaltungen kamen 1997 sage und schreibe 4000 Langstreckenfans nach Küblis in der Schweiz, um eine der härtesten Herausforderungen anzunehmen, die der Bikesport zu bieten hat: 5000 Höhenmeter Steigung auf einer Strecke von 120 Kilometern. Dabei herrschte Skepsis, als die Initiatoren Andy Vetsch und Peter Marugg 1993 ihr Vorhaben ankündigten. Quintessenz der Stammtisch-Diskussionen in dem Schweizer Bergdorf: „Die beiden schaffen das nie!" Im Gegenteil – wegen des immensen Teilnehmerandrangs sind die Startplätze mittlerweile limitiert.

Die eigenen Grenzen ausloten: Auf schier endlosen Steigungen wird die Teilnahme an Mountainbike-Marathons zum Selbsterfahrungs-Trip.

Bikemarathons sind längst mehr als nur skurrile Selbstbestätigung weniger laktatsüchtiger Extremsportler. Ganz im Gengenteil. Der kollektive Ausdauer-Kick explodierte in den letzten Jahren zur Massenbewegung und kann mittlerweile guten Gewissens als Volkssport bezeichnet werden.

Steigende Teilnehmerzahlen

„Die Marathon-Szene boomt. Viele Biker suchen nach einer neuen Herausforderung", weiß Thomas Wüst vom Organisationskomitee des St. Wendel-Marathons, Deutschlands erstem und größtem Langstreckler-Treff. Bei der Premiere 1994 pilgerten 1000 Biker zur Höhenmeterjagd ins Saarland. Inzwischen sind es jedes Jahr mehr als 3000. Auch alle anderen Marathon-Veranstalter stellen sich auf stark steigende Teilnehmerzahlen ein.

Kampf mit dem Berg: Schiebepassagen gehören zu fast jedem Marathon.

Auftanken: Verpflegung für Langstreckler.

Für sieben, acht Stunden ein Held

Um bei der kollektiven Höhenmeterjagd dabei zu sein, scheint den Marathonjüngern mit ihren geölten Beinen kein Aufwand zu groß. Da wird ins Trainingslager nach Mallorca geflogen, das Konto für den entscheidenden Materialvorteil geplündert und im Kreise der Bikerkollegen über Puls- und Laktatwerte diskutiert, als ginge es um die aktuellen Aktienkurse. Und das alles, um sich am Sonntag um fünf Uhr morgens Kalorienberge in Form von Spaghetti in den Hals zu stopfen, in der Morgenfrische bibbernd auf den Start zu warten und dann nach der Hälfte des Rennens festzustellen: Nie wieder!

Denkste. Marathon-Fahrer gelten in Bikerkreisen als Wiederholungstäter. Die Gründe dafür sind so verschieden wie die Fahrer selbst: Ausloten der eigenen Leistungsgrenze, gemeinsames Naturerlebnis und natürlich dieses Gefühl, für sieben, acht Stunden ein Held zu sein.

Einerlei, ob 3000 oder 5000 Höhenmeter, das härteste Rennen liefern sich derzeit die Marathon-Veranstalter selbst. Noch nie gab es so viele Marathons wie heute. Noch nie einen härteren Kampf um die Teilnehmer, noch nie ein massiveres Bestreben, den medienwirksamen Titel „Härtester Bike-Marathon" in die Ausschreibung zu drucken. Schließlich geht es bei den Ausdauerexzessen schon lange nicht mehr nur ums Biken, sondern zunehmend auch um eine Menge Geld.

Um den Marathonfans einen zusätzlichen Anreiz zu schaffen und sie an das eigene Rennen zu binden, rief Thomas Wüst 1996 zusammen mit dem Schweizer Andy Vetsch die „Euro Bike Extremes"-Marathonserie ins Leben. Die Idee schlug voll ein. Die Nachfrage nach den

Hüttentour: Weg von Alltag und Zivilisationsmief.

vier Rennen mit insgesamt 450 Kilometern Länge und 15000 Höhenmetern steigt weiter. Vetsch ist überzeugt: „Der Marathon-Trend ist einfach nicht mehr aufzuhalten."

Biketouren – Balsam für die Seele

Grundlage für die Marathons bildet nicht zuletzt die Faszination ausgedehnter Biketouren. Die Biketrips auf einem Traumpfad zwischen Naturerlebnis und Selbsterfahrung verdienen längst das Prädikat Volkssport. Fragt man nach den Gründen, so hört man keine Antwort so oft wie „das Naturerlebnis". Weit mehr noch als Rennen oder der Geschwindigkeitsrausch bei einem Downhill zieht die Natur die Biker in ihren Bann. Die Stollenreifen bedeuten ein Stück Freiheit, die jeden zu einem kleinen Entdecker macht – und sei es nur auf den Pfaden vor der eigenen Haustür.
Mal knackig anstrengend, mal beschaulich, mal trialmäßig. Für jede Könnensstufe, jede Stimmungslage und jeden Charakter läßt sich das passende Tourenterrain finden – in der Tat ein Sport für Körper und Seele.
So sieht es auch der Kölner Psychologe Michael Degen: „Biketouren bieten die Möglichkeit, stolz auf sein eigenes Können zu sein, die persönlichen Grenzen zu erfahren und sie vor allem auszudehnen. Man will am Ende kaputt sein, völlig erledigt, aber man ist trotzdem glücklich über die eigene Leistungsfähigkeit."
Nicht nur über die eigene. Denn obwohl Mountainbiken zu den Individualsportarten zählt, wird Teamgeist groß geschrieben. Man hört den Atem der Freunde im Nacken, und schnell entwickelt sich eine fast automatische Gruppendynamik. Die Tritte werden kräftiger, der Atem lauter – wer erreicht den Gipfel zuerst? Oben wartet einer auf den anderen. Wer gewonnen hat, ist längst Nebensache. In tiefen Zügen füllen sich die Lungen mit klarer Bergluft. Ruhe. Die Augen wandern über Dutzende von Gipfeln bis zum Horizont. Man genießt still oder tauscht mit den anderen Bikern überwältigt Superlative aus. Gigantisch. Der Streß im Büro, der Stau auf dem Weg zur Arbeit, die Hektik des Alltags sind einfach weg. Während die letzten Schweißtropfen auf der Stirn trocknen, macht sich das sichere Gefühl breit, über den Dingen zu stehen.
Ob an einem kalten, klaren Herbstmorgen in den Bergen, bei brütender Hitze in den Kakteenwäldern Mexikos, bei Reifenflicken auf dem Heimattrail, ob mit Tunnelblick beim Downhill, mit ausgetrockneter Kehle an einem gurgelnden Bach oder beim Teller Spaghetti nach der Tagestour, es gibt wenige Momente, in denen man intensiver lebt und erlebt als auf dem Bike. „Tagtraumgeschichten kommen auf und laden ein zu kleinen Fluchten aus dem Alltag, zu gewissen Größen-Phantasien", sagt Degen. „Die gleichmäßige, ungestörte Kurbelbewegung des Radelns ermöglicht eine gehobene

Stimmung und seelisch-geistige Höhenflüge." Immer neue Erfolgserlebnisse verstärken sie noch. Da schafft man beim fünften Versuch endlich die schwierige Trial-Passage ohne abzusteigen. Da bezwingt man einen Berg, an dem man bei der ersten Tour noch Blut und Wasser schwitzte, irgendwann wie mit links.

Tourentraum Transalp – im Bann der Berge

Ein wahres Paradies für solche „Er-Fahrungen" bieten die Alpen. „Kein Gebirge der Welt ist besser mit Forst- und Wanderwegen, Almpfaden und verfallenen, alten Militärstraßen durchzogen. Ideal, um Bikeausflüge zu mehrtägigen Touren auszudehnen", erklärt Uli Stanciu, Transalp-Experte und Herausgeber des bike-Magazins. Die Idee, die das Magazin erstmals in beeindruckenden Fotoreportagen vorstellte, findet inzwischen Tausende von Anhängern. Stanciu geht es wie mittlerweile immer mehr Bikern. Wer mit dem Mountainbike einmal die Alpen überquert hat, den läßt das Erlebnis nicht mehr los. Das Abenteuer mehrtägiger Touren entwickelt sich immer mehr zur Massenbewegung. 1998 organisierte Uli Stanciu zusammen mit Worldcup-Pionier Heini Albrecht sogar erstmals eine Alpenüberquerung von Mittenwald zum Gardasee als Etappen-Marathon – die bike Transalp-Challenge.

In den Bergen zwischen Garmisch und dem Gardasee grassiert das Transalp-Fieber. Transalp steht für „einmal quer über die Alpen" – selbstverständlich mit dem Bike. Noch nie war der Run auf die Alpen so groß. Tausende von Tourenfahrern zieht es inzwischen im Sommer zu Etappentouren ins Gebirge. Ob geführt oder auf eigene Faust mit Freunden auf einer selbst ausgeknifflelten Route unterwegs, das Abenteuer zählt.

Viele Biker sind bereits „süchtig" nach Alpenüberquerungen. Die Herausforderungen können gar nicht schwer genug sein. Um für eine solche Härtetour gerüstet zu sein, ist eine penible Vorbereitung unerläßlich. Das gilt für das körperliche Fitness-Training ebenso wie für die Ausrüstung. Jeder Biker sollte wissen, daß eine Alpenüberquerung mehr einer

Traumrevier Alpen: Perfektes Pfad- und Wegenetz.

Expedition gleicht als einer lockeren Biketour. Da kommen Mensch und Material immer wieder an ihre Grenzen. Wer ohne alpine Vorkenntnisse und ausreichende Schutzkleidung oder mit unzuverlässigem Material startet, gerät schnell in bedrohliche Situationen. „Der Spaß wird dann zum Alptraum", warnt Bergführer Andi Heckmaier.

Mit der passenden Ausrüstung allerdings wird Transalp zu einer Erinnerung, die man so schnell nicht wieder vergißt: Jeden Tag ein anderes Tal und neue Horizonte entdecken. Auf alten Saum-, Wald- oder Kriegspfaden entlang sprudelnder Gebirgsbäche radeln, hinauf zu mächtigen Felsbarrieren oder bis ins ewige Eis. Paß für Paß eine neue Herausforderung.

In Etappen über die Alpen: Im Sommer lockt das Transalp-Abenteuer.

Bike-Festivals –
it`s Partytime

Gefeiert haben Biker schon immer gerne. Ob in Crested Butte, Moab oder am Gardasee. Fat-Tire-Festivals haben mittlerweile Tradition.

Bikes und Bier sorgten schon immer für Stimmung. Auch in dem verschlafenen Bergnest Crested Butte in Colorado. 1976, zwei Jahre vor dem legendären Pearl-Pass-Race gegen Gary Fishers Clunker-Clique aus Kalifornien, stießen 15 Jungs aus Crested Butte auf die Mutter aller Bike-Festivals an. Und das, obwohl sie mit Mountainbikes eigentlich überhaupt nichts am Hut hatten. „Das ganze war nicht mehr als ein Scherz", blickt Jim Thomas auf die erste Fahrrad-Überquerung des Pearl Pass zwischen Crested Butte und Aspen (siehe Kapitel „Wild West Races") zurück, damals Stammgast im Grubstake Saloon von Crested Butte. Von Beginn an glich die Aktion mehr einem „social event" als einem sportlichen Wettkampf. Die Hilfe von Begleitfahrzeugen war durchaus erlaubt, denn die hatten schließlich unverzichtbaren Proviant an Bord: ein Faß und sieben Kisten Bier, drei Flaschen Schnaps, zehn Liter Wein und drei Flaschen Champagner. „Als wir einer nach dem anderen in Aspen eintröpfelten, erklärten wir die ganze Stadt zur Party-Zone", erzählt Teilnehmer Rob Starr.

Die Slickrocks von Moab: Schauplatz des Kultfestivals in USA.

„Wir erklärten die Stadt zur Party-Zone."

Rob Starr

In den Straßen von Aspen wurde nach dem bestandenen Abenteuer eine Menge Bier vergossen. Ein traditionelles Fest war geboren. Aus dem „Pearl-Pass-Ride" entwickelte sich eine Veranstal-

Geburtsort der Bikefestivals: Crested Butte in Colorado.

heizten mit ihren Bikes über den legendären Slickrock-Trail, oder sie kurvten durch die nahen Canyonlands und den Arches-Nationalpark. Und weil die fünf Freunde dabei riesig Spaß hatten, gründeten sie kurzerhand einen Verein, die Canyon Country Cyclists. Das war 1985, heute zählt ihr Halloween Fat-Tire-Festival zu den bekanntesten Bike-Festivals weltweit. Vom Erfolg ist Urvater Bill Groff selbst überrascht: „Das hätte ich mir nie träumen lassen."

In einem der besten Bikegebiete der Welt treffen sich die Biker jeden Morgen, um gruppenweise Klassiker wie den „Poison Spyder Mesa"- oder den „Porcupine Rim"-Trail unter die Stollenreifen zu nehmen. Wer hinterher nicht zu müde ist, kann sich bei Fun-Contests austoben. Abends werden dann bei Country-Live-Musik und ein paar Bier die heißesten Geschichten über die atembe-

tung mit Hunderten von Teilnehmern, aus der Orgie hinterher ein buntes Bike-Festival. Auch wenn die Pearl-Pass-Tour inzwischen nicht mehr zum Festival-Programm gehört, ist die Fat-Tire-Bike-Week mit ihren traumhaften Touren in dünner Höhenluft als Vorbild für viele andere Bike-Festivals nach wie vor ein beliebter Bikertreff. Spaß und Spannung sind bei Wettbewerben wie Bikepolo, Bikelimbo und Trialkursen angesagt.

Grubstake Saloon: Ideenschmiede für Rennen und Bikerparties.

Fat-Tire-Treffs mit Musik und Bier

Was die Popularität betrifft, lief das Bike-Festival in Moab der Fat-Tire-Bike-Week in Crested Butte nach und nach den Rang ab. „Same time, same place", hieß es jedes Jahr zu Halloween für Bill Groff und seine Freunde in Moab. Dann feierten sie heiße Parties und raubenden Steilwände in den Slickrocks erzählt. Profis aus der Rennszene und Bikehersteller mischen sich unters Volk und komplettieren die Geländebiker bei ihrem großen Familientreff.

Traumpanorama: Die Berge um den Gardasee zählen zu den besten Bikegebieten der Alpen. Auf Schotterpf

bike-Festival – der Toptreff am Gardasee

In Europa hat sich inzwischen das bike-Festival am Gardasee, veranstaltet von der Zeitschrift „bike", zu einer Institution entwickelt. 1994 zum ersten Mal ausgetragen, kommen Anfang Mai jährlich an die 15000 Biker nach Riva del Garda, um unter den ersten Strahlen der milden Frühlingssonne die Saison einzuläuten. Ein Event, das es weltweit kein zweites Mal gibt. Weit über 100 Aussteller präsentieren auf dem Festivalgelände die neuesten Bikes und Zubehörteile. „Damit hat sich das Festival auch zu einer der wichtigsten Endverbrauchermessen Europas gemausert",

Inzwischen hat sich das bike-Festival am Gardasee zu einem auch international stark beachteten Event entwickelt. Selbst die bike-Prominenz aus den USA – von Gary Fisher über Keith Bontrager bis zu Specialized-Chef Mike Sinyard – läßt es sich nicht nehmen, beim großen Saisonstart im mediterranen Frühlingsklima dabeizusein.

Bikefirmen stellen ihre neuesten Modelle für Testfahrten zur Verfügung und bieten technischen Service. Daneben wird hier der „Spirit of Mountainbiking" gelebt wie auf kaum einer anderen Veranstaltung. Dabei zählt vor allem der Spaß am Sport. Die Berge um den Gardasee bieten eines der atemberaubendsten Tourennetze überhaupt. Ein dichtes Netz aus alten Militärpisten und Maultierpfaden zieht sich vom fjordartigen Nordende des Sees auf 65 Metern Meereshöhe hinauf bis auf über 2000 Meter hohe Alpengipfel. Bei Fahrtechnikseminaren mit Profis und beim mittlerweile traditionellen bike-Marathon können die Biker zeigen, was in ihnen steckt. Und natürlich sorgen spektakuläre Shows, spannende Gaudirennen und Partys mit heißer Musik auch am Lago di Garda für Riesenstimmung.

alten Militärstraßen kommen anspruchsvolle Biker auf ihre Kosten.

faßt bike-Herausgeber und Initiator Uli Stanciu zusammen. Ganz nach dem Vorbild der Festivals in Amerika wollte er am Gardasee für die Bikeszene einen zentralen und regelmäßigen Treffpunkt schaffen. Hobby- und Tourenbiker, Rennfahrer und Industrie – alle kommen sie zusammen, um Erfahrungen auszutauschen, fachzusimpeln, zu feiern und letztendlich gemeinsam das zu tun, was sie alle am liebsten machen, nämlich zu biken.

Spaß muß sein: Fun-Contests gehören zu jedem Bike-Festival.

Visionen – Biketrends mit Zukunft

High-Tech-Bikes, Downhill-Parks und spannende Wettkämpfe, die als Medienevents vermarktet werden – die Zukunft des Bikesports hat schon begonnen.

Freizeitforscher haben festgestellt, daß das Mountainbiken inzwischen zu den beliebtesten Sportarten zählt. Nach neuesten Untersuchungen tun die Deutschen in ihrer Freizeit kaum etwas lieber als mit dem Rad zu fahren. Nur Schwimmen begeistert noch mehr Menschen. Damit rangiert das Fahrrad sogar noch vor Fußball. Und speziell das Mountainbike liegt inzwischen immerhin etwa auf dem gleichen Attraktivitätsniveau wie Tennis. Biken ist inzwischen weit mehr als nur ein kurzfristiger Funsport-Trend. Sei es nun im Freizeitsport, im Rennsport oder in der technischen Entwicklung, das Mountainbike stellt im Radsport längst eine feste Größe dar. Und das wird auch bis ins nächste Jahrtausend so bleiben.

Technische Innovationen

Zwischen den ersten rostigen Clunker-Bikes mit Kettenschaltung und den ersten Mountainbikes mit computergesteuertem Fahrwerk liegen 20 Jahre enormer Fortschritt. Vergleiche mit der Evolution der Computerbranche sind da nicht weit hergeholt. Genausowenig wie Hochleistungsrechner noch längst nicht am Ende ihrer Entwicklung angekommen sind, haben Mountainbikes das Ende der Innovationen erreicht – auch wenn sich extravagante High-Tech-Kreationen teilweise nur zögernd durchsetzen.

Nach dem heutigen Stand der Technik werden Funktion und Optik der Mountainbikes in den nächsten Jahren weiter optimiert. Spinnt man gegenwärtige Trends weiter, so zeichnen sich zwei grundlegende Entwicklungslinien ab. Die Spezialisierung wird weiter voranschreiten. Reinrassigen Downhill-Bikes steht die Kategorie der Touren- und Cross Country-Räder gegenüber.

Downhill-Bikes werden noch mehr als bisher kompromißlos auf Geschwindigkeit ausgelegt sein. Rahmenformen im klassischen Diamantrahmen-Design werden immer mehr verschwinden. Monocoque-Rahmen lösen sie ab. Immer leichtere Komponenten und Rahmenbauweisen geben dem Freeride-Trend Aufwind: Die Bikes mit geschwungenem Lenker, bequemer

Motocross-Optik: Downhill-Bike mit Sitzbank für den Renneinsatz.

Bequem: Tourenbikes mit Vollfederung.

Sitzposition und rund zehn Zentimeter Federweg vorne und zwölf Zentimeter hinten bieten für Hobbyfahrer gute Downhill-Eigenschaften, kombiniert mit guten Kletterfähigkeiten – die idealen Alleskönner für gemütliche Touren und sportliche Abfahrten.

Die meisten dieser Bikes werden eine aktive Federung besitzen, die in jeder Fahrsituation sensibel anspricht, ohne dabei den Antrieb zu beeinflussen. Viel Sicherheit und Komfort bieten hydraulische Scheibenbremsen mit im Rahmen verlegten Leitungen.

Eine weitere Zielgruppe bieten sicher weiterhin die fitneßbewußten Tourenbiker, die in ihrem Sport Naturerlebnis, Erholung und Ruhe suchen. Ihre Bikes müssen auch bergauf weiter echte Bergziegen bleiben. Sie werden daher möglichst leicht sein, dennoch aber gute Downhill-Eigenschaften besitzen. Die Sattelposition wird sich für den breiten Einsatzbereich weit verstellen lassen.

Ausgedient hat in einigen Einsatzbereichen möglicherweise in nicht allzu ferner Zukunft die gute alte Fahrradkette. Mit Hochdruck arbeiten die Ingenieure an alternativen Antriebssystemen. Genauso sägen sie am Thron der Schaltsysteme mit Bowdenzugsystem. Funktionierende Prototypen von pneumatischen (Shimano Airline) oder hydraulischen (Wendler) Gangschaltungen existieren bereits.

Wartungsarm: Leichte Scheibenbremsen als Alternative zur Felgenbremse.

Als Rahmenmaterial wird Carbon eine immer wichtigere Rolle spielen. Der bereits in der Formel 1 und im Flugzeugbau bewährte Werkstoff ist sehr leicht, robust und fährt sich komfortabel, da er Vibrationen sehr gut dämpft. Zudem ist er durch seine hohe Festigkeit für Streßzonen prädestiniert, an denen hohe Belastungen auftreten. Auch außergewöhnliche, neue Rahmendesigns lassen sich damit bestens verwirklichen.

Mehr als nur technische Spielerei im hochgezüchteten Downhill-Worldcup werden künftig auch computergesteuerte Federungssysteme sein. Richtungsweisende Modelle, wie die von Cannondale, haben ihre Feuertaufe in der Praxis bereits hinter sich. Dabei ist es durchaus vorstellbar, daß sich die Federungscharakteristik bald ganz einfach per Knopfdruck an das Gelände anpassen läßt.

Ein weiteres, denkbares Entwicklungsfeld für Biketüftler könnten in Zukunft vollgefederte Reiseräder sein. Denn schon immer war das Mountainbike ein willkommenes Mittel, die Welt zu erkunden. Die meisten vollgefederten Bikes haben bislang aber einen entscheidenden Nachteil: Wegen der Federung lassen sich kaum große Packtaschen für lange Touren und Radreisen anbringen.

Rennsport

Nur die Leistung zählt. Mountainbikerennen werden sich auf höchster Ebene noch mehr zu einem knallharten Profisport entwickeln, in dem Privatfahrer nichts mehr zu suchen haben. Die Leistungsdichte wird noch höher werden. Zugpferd werden spektakuläre Downhill-Rennen sein, ähnlich wie Skiabfahrtsrennen im Wintersport.

Cross Country dagegen bleibt vorläufig die einzige olympische Disziplin. Hoffnungen von Sportlern und Funktionären, im Downhill könnten 2000 in Sydney ebenfalls Medaillen vergeben werden, haben sich nicht erfüllt.

Als dritte und vielleicht publikumsattraktivste Form von Bikerennen tritt die Disziplin Dualslalom langsam aus dem Schatten von Cross Country

High-Tech: Variables Fahrwerk und computergesteuerte Federgabel.

geren Geschwindigkeiten können sich die Dualslalom-Einsteiger an die komplexen Downhill- und Kurventechniken spielerisch und weniger gefahrvoll gewöhnen.
Die Masse der Freizeitsportler, die an Rennen teilnimmt, werden aber weiterhin Tourenfahrer stellen, die bei Marathon-Wettkämpfen ih-

Zuschauerfreundlich: Dualslalom als Medienspektakel.

Bikeparks: Immer mehr Skigebiete öffnen ihre Abfahrten im Sommer für Mountainbiker.

und Downhill. In keinem anderen Mountainbike-Wettbewerb kann das Publikum den Fight der Racer so hautnah miterleben wie bei der Hatz durch den Stangenwald. Nicht umsonst feierte der Slalom 1998 Worldcup-Premiere. Kurze, kompakte Strecken machen jeden Lauf zu einem spannenden Zweikampf. Kaum haben die mit Schutzausrüstung gepanzerten Gladiatoren die Ziellinie erreicht, jagt das nächste Duo Kopf an Kopf die Hindernispiste hinab. Das Fernsehen kann die aufregende Mischung aus Sport und Show ohne großen Aufwand in ihrer ganzen Faszination und Dramatik einfangen. Der Zuschauer zuhause vor dem Fernsehgerät ist genauso mittendrin im Geschehen wie die Fans an der etwa 200 Meter langen Strecke.

Dazu kommt, daß Dualslaloms wieder die Brücke zwischen Profi- und Hobbysport schlagen. Gerade jugendliche Fahrer stehen auf Schräglage und Sprünge. Dank der niedri-

re Fitneß unter Beweis stellen. Immer noch sprießen neue Veranstaltungen und Serien hervor. Der Trend zum kollektiven Ausdauertest ist ungebrochen.

Bikeparks

Mit dem Lift nach oben – mit dem Bike nur noch berab. Sieht so die Zukunft aus? Um gerade im Downhill die Entwicklung zu kanalisieren und Wanderern wie Mountainbikern ein Höchstmaß an Sicherheit zu bieten, gilt ein Schwerpunkt der infrastrukturellen Entwicklung für Biker den sogenannten „Bikeparks". Das Vorbild stammt wieder einmal aus den USA, wo ganze Skigebiete im Sommer zu Mountainbike-Zentren mit Lifts und ausgeschilderten Strecken umfunktioniert wurden. In Europa schlossen sich als erste große Skiarenen in Frankreich dieser Entwicklung an. Auch in den übrigen Alpenländern stehen im Kampf um junges Sommerpublikum inzwischen viele Fremdenverkehrsorte dieser Entwicklung offen gegenüber.

In Deutschland eröffnete 1997 in Todtnau (Schwarzwald) der erste Downhill-Park. Hier genießen die jungen Wilden den Speed-Kick, ohne Streß mit Wanderern oder dem Förster zu riskieren. Das Erstaunliche an diesen Pisten ist: Obwohl Downhiller teilweise immer noch den Ruf als Wandererschreck und Umweltrowdies haben, sind sie in diesen Reservaten gern gesehene Gäste. Bergbahnbesitzer und Fremdenverkehrsleute sehen in den adrenalinsüchtigen Geschwindigkeitsfanatikern eine willkommene Gelegenheit, im Sommer ihre Kasse aufzubessern.

Abseits der ausgeschilderten Wege ist das Mountainbike in den Radreservaten tabu. Ein Konzept, das auch Naturschützer unterschreiben können. Freilich gibt es immer noch Bedenken. „Dieses Konzept erzieht die Leute zur Faulheit", kritisiert Alex Hartinger, im Deutschen Alpenverein zuständig für Naturschutz. „Wir raten dazu, auf Aufstiegshilfen möglichst zu verzichten."

Doch die Downhill-Rennfahrer sehen das ganz anders. Allein mit Muskelkraft lassen sich ihre schweren Geräte kaum noch auf den Gipfel schaffen. Die Abfahrer hoffen, daß sich diesem Beispiel noch viele andere Gegenden in Deutschland anschließen. Und auch die Bikeindustrie setzt auf das neue Erlebnis, das den Sport revolutionieren könnte wie einst die ersten Skilifte den Wintersport. Schließlich würde der Markt für Downhill-Bikes ohne Bergbahnen für Biker immer sehr klein bleiben.

Das Mountainbike – ein Stück Freiheit

Was die Zukunft des Mountainbike-Sports auch bringen wird, eines steht fest: Das Mountainbike ist und bleibt der Motor im Radsport. Garant dafür ist ein entscheidender Grundgedanke, der die gesamte Entwicklung geprägt hat: Schon immer hat es die Bikeszene verstanden, sich durch möglichst wenige Reglementierungen Raum für Weiterentwicklungen offen zu halten. Egal, wie die Bikes und Trails der Zukunft aussehen, sie werden immer ein Stück Freiheit und Unabhängigkeit bedeuten.

Luftfahrt: Lifte spielen bei der Tourenplanung für Biker bislang eine eher geringe Rolle.

Ein Hauch von Abenteuer: Das Mountainbike – ein Stück Freiheit.

Technik, Tuning, Tips

Vom Schnupperkurs bis zum Profi-Trial, von der Kaufberatung fürs erste Mountainbike bis zu den neuesten Materialtips für Kenner. Equipment und Rennszene, Akrobatik und Notreparaturen unterwegs – keine Frage bleibt offen. Erhältlich im Buch- und Fachhandel.

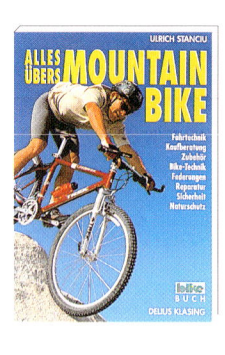

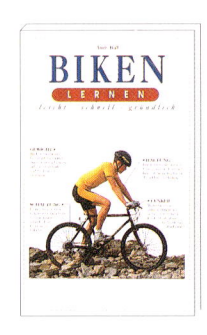

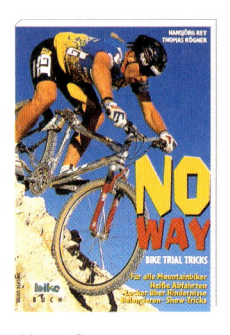

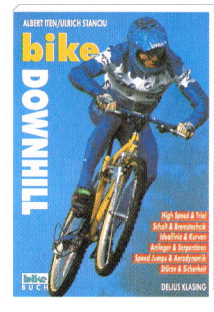

ULRICH STANCIU
Alles übers Mountainbike
Fahrtechnik – Kaufberatung – Zubehör – Bike-Technik – Federungen – Reparatur – Sicherheit – Naturschutz
184 S. mit 202 meist farb. Abb., kart.
ISBN 3-7688-0678-2

JEREMY EVANS/BRANT RICHARDS
Das ist Mountainbiken
*Das Handbuch des Bikesports
Bikes, Zubehör und Fahrtechnik*
160 S. mit 236 Farbfotos, geb.
ISBN 3-7688-0977-3

RICHARD BALLANTINE/RICHARD GRANT
Bike Reparaturhandbuch
96 S. mit 243 farb. Abb., kart.
ISBN 3-7688-0867-X

ANDY BULL
Biken lernen
leicht – schnell – gründlich
96 S. mit 225 farb. Abb., geb.
ISBN 3-7688-0821-1

HANSJÖRG REY/THOMAS RÖGNER
No Way – Bike Trial Tricks
Für alle Mountainbiker, Heiße Abfahrten, Locker über Hindernisse, Balancieren, Show-Tricks
128 S. mit 130 meist farb. Abb., kart.
ISBN 3-7688-0792-4

ALBERT ITEN/ULRICH STANCIU
Bike Downhill
High Speed + Trial, Schalt- und Bremstechnik, Ideallinie + Kurven, Anlieger + Serpentinen, Speed Jumps + Aerodynamik, Stürze + Sicherheit
124 S. mit 136 Farbfotos, kart.
ISBN 3-7688-0882-3

THOMAS RÖGNER/ULRICH STANCIU
Bike Fahrtechnik
Richtig schalten – Sicher bremsen – Bergauffahren – Downhill – Bunny Hop – Kurventechnik – Trial Tricks
140 S. mit 152 farb. Abb., kart.
ISBN 3-7688-0720-7

DELIUS KLASING